W0312331

ARC
TIC

MI SSION

AFFRONTER
LA MORT
POUR SURVIVRE
À LA VIE

Ouvrage écrit en collaboration
avec Corinne Decottignies.

Couverture : graphisme de Willy Berquier ;
photographie de Benjamin Faure.

ISBN papier : 978-2-35985-237-0
ISBN numérique : 978-2-35985-246-2

LOURY
LAG

ARC
TIC

MI SSION

AFFRONTER
LA MORT
POUR SURVIVRE
À LA VIE

M6 ÉDITIONS

À mon père,
À mes frères,
À la famille Lagardère.

Le premier visage, vous le montrez à tout le monde.
Le deuxième visage, vous le montrez à vos amis et à votre famille.
Le troisième visage, vous ne le montrez jamais à personne.

PRÉFACE DE JÉRÉMIE RENIER

On ne se perd pas, on s'égare

Maud, Loury et ses deux filles viennent de quitter la maison. Ils ont passé quelques jours de vacances chez nous, leur départ laissant derrière eux un silence chargé. De celui qui accompagne les grandes amitiés, et le souvenir, aussi, de se dire au revoir sans savoir quand on se reverra.

Cette même émotion, comme un léger traumatisme, m'avait accompagné tout au long de notre périple en

Arctique. Pendant trois mois, à chaque fois que Loury repartait d'un point de ravitaillement, je lui disais au revoir sans savoir quand je le reverrais, ayant peur pour sa vie.

Cela fera bientôt 3 ans que nous nous sommes rencontrés. Et dès la première seconde, j'ai su qu'il se passerait quelque chose entre nous. Un lien immuable, un respect mutuel, se sont imposés immédiatement. Nous sommes pourtant si différents…
Malgré ces façades qu'on érige tous pour se protéger, j'ai su déceler, chez Loury, derrière son armure d'homme brut, viril et combattant, ce qu'il cachait : sa sensibilité, sa fragilité, une forme de douceur. Et ça, dès la première fois que j'ai posé mes yeux sur lui.
J'avais déjà pressenti, quelques mois plus tôt, étonnamment, ce lien, en lisant son premier livre qu'il m'avait envoyé, dans lequel il écrivait une lettre à son père, lui pardonnant les violences et le passé douloureux qu'ils avaient traversé ensemble. Quand j'y repense, c'est fou : c'est à ce moment-là, à travers ce lien avec son père, que j'ai perçu qui il était, que j'ai vu cette sensibilité et son indulgence. Je ne savais pas encore, à cette époque-là, que son père était malade. Et qu'un lien autour du deuil, presque mystique, nous unissait déjà et allait nous lier à jamais.

Nous nous sommes rencontrés pour la première fois dans un petit café perdu, dans une rue de Montmartre. J'étais en quête de sens. J'avais perdu l'envie de croire, j'étais blessé, meurtri par la disparition de mon meilleur ami et le vide qu'il avait laissé en moi. Cette douleur m'avait doucement conduit vers une profonde et douloureuse remise en question sur le sens de ma vie.

En effet, à cette époque, l'idée de disparaître me traversait parfois. Mais dans son invitation, j'ai vu un cadeau venu d'on ne sait où. Alors j'ai dit « oui », instinctivement, sans mesurer la folie de ce qu'il me proposait. Cette main était celle que j'attendais depuis longtemps : celle qui allait m'élever, me redonner du sens... Ou m'engloutir à jamais.

Aveuglé par l'excitation, je ne voyais que le fantasme qui accompagne ce genre d'expédition. Un aventurier des mondes venait de m'offrir un voyage que je ne pouvais pas refuser.

Et pourtant, je n'aurais jamais pu concevoir une seconde tout ce que nous allions vivre là-haut. Malgré nos longues discussions avant de partir, je ne pouvais pas imaginer la brutalité de ce biotope, comme il aime le dire, la difficulté de la répétition, l'éloignement total du monde réel, de chez soi, et cette lente bascule vers l'épuisement cérébral. Tout cela n'était que des mots, des projections, jusqu'à ce que je pose mon premier pied sur la banquise, le visage fouetté par ce vent arctique.

Nous venons de mondes très différents. Moi, élevé dans une famille douce et aimante, protégé de certaines tempêtes. Lui, façonné par un passé plus douloureux, confronté très tôt à la violence de la vie. Ça se lit encore aujourd'hui, dans cette énergie brute qui prend chez lui toute la place, dans cette façon de défier le monde et lui-même. Il peut facilement effrayer, par cette confiance en lui qui le pousse à toujours se dépasser, à se vouloir plus grand. Oui, il peut déranger. J'ai vu des regards se poser sur lui, comme pour dire : qui est cet énergumène qui gesticule dans tous les sens, racontant ses histoires improbables d'une vie à mille à l'heure ?

Je me rends compte, en écrivant, que j'ai souvent été accompagné et ému par des gens qui ne font pas l'unanimité, qui ne sont pas l'image qu'ils donnent d'eux-mêmes au premier regard. Ces rencontres m'ont appris à creuser, à regarder derrière les barrières et les armures pour découvrir la véritable couleur des cœurs. C'est ça que je trouve riche dans l'humain : essayer de ne pas s'arrêter à la première impression.

Si je l'avais fait, j'aurais sans doute quitté l'aventure le jour où tout a explosé entre Loury et moi, quand la confiance s'est brisée et que j'ai cru voir s'effondrer tout ce que nous avions construit depuis notre rencontre.
Peut-être que cette confrontation était là pour me le rap-

peler, pour l'ancrer plus profondément en moi. Pour que je puisse, aujourd'hui, le partager à travers cette réflexion : accepter que l'humain, avec ses fragilités, ses blessures et ses parts d'ombre, reste un être magique, complexe et merveilleux. À condition qu'on lui en donne la possibilité. À condition d'oser regarder derrière l'iris. C'est là que l'on peut deviner en partie la grandeur, l'âme de l'humanité et ce lien immuable qui nous relie tous.
Alors oui, parfois, comme un vieux couple, bien que l'on ne se connaisse que depuis trois ans, on se taquine déjà, on se bouscule, on n'est pas d'accord, on a envie de se secouer mutuellement. Car on n'est pas faits de la même vitesse. Loury est quelqu'un qui ne s'arrête jamais, ou très rarement. Il pense que chaque minute non remplie est une minute perdue, presque un manque de respect pour la vie. Je le comprends, d'une certaine manière. Mais je crois aussi – et c'est sans doute cette différence qu'on est venu chercher en se rencontrant – que l'arrêt, la contemplation, le silence sont tout aussi essentiels. Ne rien faire n'est pas vraiment ne rien faire. Au contraire : cela nous contraint, cela nous enracine, nous nourrit.
Moi, en tout cas, j'en ai besoin. Et je l'ai compris grâce à cet arrêt que la vie m'a, d'une certaine manière, imposé. Il faut parfois juste s'assœir, respirer, regarder autour et ne rien attendre d'autre. Ralentir. Une forme de sobriété heureuse, comme d'autres nous l'ont transmise. C'est une vérité, en tout cas, à laquelle j'ai envie de croire aujour-

d'hui. Je sais à quel point il est difficile de la trouver et de la maintenir, car la vie a toujours tendance à reprendre sa vitesse, son accélération. Et encore plus aujourd'hui. Dans le monde où nous vivons, tout semble nous pousser à aller plus vite, à faire plus, à réussir, à posséder toujours davantage. La performance est devenue une norme.
J'ai toujours imaginé que sans mouvement on n'avançait pas. J'en ai fait même une ritournelle. Mais est-ce que c'est vrai ? Est-ce qu'à l'arrêt, on ne pourrait pas avancer ? Cette vision, imposée par la société industrielle et le modèle occidental dont nous avons hérité, nous entraîne dans une course sans fin. Et moi, au milieu de cette course, je continue de chercher ces moments d'arrêt qui me sont devenus indispensables. Et je me dis : quand trouverai-je enfin le temps de ne rien faire ? Quand ?

Je repense à nos journées sur la banquise, sur cet océan gelé où nous avancions doucement, heure après heure, jour après jour : s'arrêter, repartir, s'arrêter encore, puis continuer. Sans fin.
C'est peut-être la plus grande leçon que ce voyage aux côtés de Loury m'a offerte.

Il y avait des jours où avancer à travers cette étendue blanche, infinie, avec mes skis nordiques accrochés aux pieds, était un plaisir fou. Ça glissait, ça filait, ça avançait presque sans effort. Les pensées qui m'accompagnaient

étaient lumineuses, pleines de sens.
Puis, soudain, l'inverse : je n'en pouvais plus. Je voulais m'arrêter, stopper la machine, écouter mon épuisement, ma fatigue, mes douleurs physiques. Les souvenirs, l'intellect, venaient me parasiter, m'emprisonner. Ça devenait toxique. Ça prenait toute la place. Et puis, sans prévenir, le souffle revenait, et le corps et l'esprit retrouvaient l'énergie pour continuer encore et encore.

J'ai une image très forte qui me revient. Après des jours de traversée où je n'en pouvais plus, où j'avais envie de tout abandonner, j'ai eu une vision, comme une forme d'hallucination. Loury ouvrait la piste devant moi, et soudain, j'ai eu le sentiment qu'il devenait un loup. Que nous étions deux loups, se suivant, traversant ces étendues de neige en sachant exactement où aller. Je posais mes skis comme si j'étais cet animal, tout était limpide, naturel, délicat. Je ne ressentais plus ni douleur ni fatigue. Nous étions faits du même rythme. Et tout s'est arrêté. Je ne percevais plus le temps, ni l'espace, ni la pensée.
Je n'étais plus qu'un animal,
Un animal qui en suivait un autre.

En lisant son livre, j'ai retrouvé ces sensations-là. Cette lutte, ce vertige, ce mélange de lumière et de fatigue qui m'avaient envahi là-haut. J'ai pris un immense plaisir à retraverser notre aventure commune et son histoire per-

sonnelle. Page après page, on suit un explorateur dans des épreuves qui paraissent impossibles, presque irréelles. Sentir la peur, l'angoisse, la force, le courage.
Je mesure encore plus à quel point il est difficile de faire ressentir ce qu'on traverse là-haut sur la glace, tant tout y est hors du commun. Moi, je n'y ai passé qu'une dizaine de jours sur la banquise, accompagné d'un cameraman. Lui a affronté tout ça seul, pendant plus de soixante jours. Ce genre de voyage reste inimaginable et fascinant pour le commun des mortels.

Ce récit lui ressemble. À la fois dans l'action et dans l'intime. Doux et dur, lumineux par moments, plus sombre à d'autres, lucide, vigilant. Empreint d'une grande honnêteté et d'une pointe d'arrogance, celle qui le définit aussi. Il est frontal, comme un bloc de granit. Il ne va pas par quatre chemins. Et choisit toujours celui qui le garde en vie.

Ce qu'il livre à travers ces pages est un cadeau pour ceux que la vie a meurtris et qui, malgré tout, essaient de traverser les épreuves qu'elle impose. Il montre qu'il est possible, ou du moins permis d'espérer, de franchir ce qui semblait infranchissable.
C'est aussi un geste adressé à son père, malgré tout ce qu'ils ont vécu. Mais cela ne doit pas être facile pour les autres, d'abord pour les siens, puis pour ceux qui ont connu des

blessures semblables et qui n'ont pas trouvé le chemin de la résilience ou du pardon.

J'ai été bouleversé par ce regard d'amour et cette analyse sur notre rencontre et notre amitié. Comme si ces mots m'étaient destinés. Ce que j'aime, dans l'amitié, c'est la possibilité de tout se dire. D'être transparents l'un pour l'autre, vigilants même dans l'intime. Sans avoir peur de plonger dans nos pensées, dans ce que nous sommes l'un pour l'autre.

Mon ami, je suis fier de faire partie de ta vie, et que tu m'aies ouvert la tienne. Fier de connaître les tiens, d'avoir croisé le regard de ton père, de partager les rires mêlés de nos enfants. Fier de ce que tu as transmis un soir à mon fils Oskar, autour d'un verre, en lui offrant une autre vérité sur la paternité et sur le lien père-fils.

Je te remercie de m'avoir laissé écrire cette préface. Notre amitié, notre rencontre, ne font que commencer. Elles évolueront encore, j'en suis convaincu. Car maintenant, tu fais partie des miens. Et après tout ce qu'on a traversé, comment ne pas continuer à rire ? Rire est l'un des meilleurs remèdes pour affronter la vie.
Notre rencontre, tellement vivante, nous a réunis pour fêter la mort.
De cette douleur, de cette violence, de cette noirceur. On

en a tiré de la lumière, de la joie et de la reconnaissance. Cette rencontre a réveillé en moi quelque chose que je croyais évanoui. L'envie de filmer. L'envie de raconter des histoires. Replonger dans un métier que j'avais imaginé mettre de côté.
Mais il m'a fallu du temps pour le comprendre et pour l'accepter. Elle m'a permis de relier deux mondes qui se heurtaient en moi.

Je me surprends parfois à rêver encore de ces étendues blanches. Cet infini où l'horizon disparaît, et où derrière apparaît la pensée. Quand on a goûté au Grand Nord, il s'inscrit profondément dans nos veines. Une nostalgie me parcourt l'échine… Et si on repartait ? Merci, Loury, de m'avoir tendu la main. Je n'oublierai jamais.

N ARCTIC MISSION A

01.

01.

A

PANORAMA
QUAND LA PANDÉMIE S'ABAT SUR LE MONDE

PA

Tout maîtriser.

Tout contrôler.

Et à la fois, être convaincu que rien de ce que l'on vit ne se déroule comme prévu. Paradoxe inéluctable mais vérité ancrée au corps. La pandémie mondiale de 2020 m'avait joué des tours. Lorsqu'elle a décidé de frapper le monde j'étais sur la glace au milieu de la banquise… Avec le peu de moyens de communication dont nous disposions, c'était compliqué de recevoir des infos, de comprendre ce qui se tramait réellement et de saisir l'ampleur de ce qui se profilait… Cela faisait quarante-cinq jours qu'on était avec Matthieu Belanger, dans le blanc, dans le vent, dans le froid à – 66 degrés complètement déconnectés de la civilisation, avec pour seul contact des populations inuites que l'on rencontrait lors de nos ravitaillements. Nous n'avions juste jamais entendu parler d'un truc pareil. Pas certains sur le moment de tout comprendre d'ailleurs. En attendant, le chapitre II d'ICARUS PROJECT dans lequel on s'était engagés pour 4 mois en Arctique – traverser le passage du Nord-Ouest, plus de 3 000 km à skis et pulkas puis traversée à vélo de l'Alaska pour atteindre Anchorage – devait être suspendu.

Bien sûr, notre première réaction a été de continuer, de faire comme si de rien n'était… Que risquions-nous sur cette surface du monde sur laquelle nous avancions ? Quel virus pouvait nous atteindre ? Quelle épidémie pouvait se propager au point de stopper notre progression ? Il n'y avait aucun sens à tout cela pour nous qui étions isolés sur la glace…
Mais parfois la loi des hommes dépasse l'entendement. Impossible de continuer et de faire comme si l'information ne nous avait pas été transmise : les autorités officielles

savaient que deux Français étaient sur la banquise et leur rapatriement était non négociable.
Une corde au cou pour cette expédition ambitieuse à laquelle je m'étais préparé depuis des mois et qui s'arrêtait à mi-chemin. Un magistral STOP en plein milieu de la glace avec l'obligation sans appel de revenir en France avant l'arrêt complet des lignes aériennes.

Entre colère et frustration, je découvre le goût amer de se soumettre aux impératifs d'un monde qui a peur.
Cette forme de noirceur qui s'abat sur les populations m'envahit. Le retour n'est pas de ceux qui clôturent une victoire ou l'achèvement d'une mission mais bien au contraire. Mon énergie vitale semble se dérober, celle de la vie que je préserve envers et contre tout à chaque instant, pleine, dense, risquée souvent, dangereuse toujours.

Le froid et la lutte quotidienne contre les éléments m'ont forcé jusque-là à garder le cap de mes aspirations. Tenir, résister, continuer, se dépasser, souffrir aussi mais jamais l'idée ne m'était venue d'interrompre ma course.
Là, pas le choix.

Depuis des années, ou toujours peut-être, abandonner n'avait jamais été une option.
Prendre plus de temps, réfléchir, hésiter, patienter : oui.
Mais renoncer, jamais.

*Abandonner
n'avait jamais
été une*

TION OPTION. OP

Plier bagage du jour au lendemain sur une décision que je ne pouvais comprendre, c'était contre nature pour moi qui étais alors loin du monde et ivre de blanc.

L'impératif est un temps que je ne conjugue que dans mes introspections. Il est le temps de l'urgence absolue, de la survie mais jamais de l'obéissance.
Le retour imposé était d'une traite, sans escale, en devant tout abandonner et s'en s'y attendre. Car oui, revenir nécessite normalement aussi de s'y préparer. Là où à mon habitude, je laissais le temps reprendre de l'espace dans ma vie, mes pensées s'aventurer pendant quelques jours pour me recentrer à nouveau sur l'essentiel du quotidien « classique » d'un père de famille, les bruits de la ville, le rythme des hommes, cette fois-ci il n'y avait pas de transition.
La pandémie s'imposait, figeait le monde dans la peur et décidait de tout.
Une première pour moi, pour le monde aussi.

Mon retour a été violent. Comme tous les retours certes, lorsque l'on passe d'une vie d'aventurier extrême dans les endroits les plus reculés du monde à celle au cœur de la ville. La sentence imposée par le Covid m'avait cassé les jambes, et le moral aussi. Là où nombre de personnes imaginent que cette mise à pied allait me permettre de savourer une pause salutaire, elle prenait pour moi toutes les caractéristiques d'une punition.

Un arrêt sur image s'installe… Tout le monde semble sur pause… Plus rien ne bouge…
La pandémie a été une parenthèse terrible dans le quotidien de personnes qui, comme moi, n'envisagent la vie qu'en mouvement.
Le bruit sourd du vent du Grand Nord soufflait encore dans mes oreilles. La lumière du printemps, d'habitude si vive, semblait avoir perdu son éclat, comme si le monde avait décidé d'effacer son refrain quotidien. Les ruelles, d'ordinaire animées par le bruit des conversations, étaient désertes, et le silence pesant résonnait comme un écho de profonde tristesse.

J'avais quitté les étendues blanches, les ours, les glaciers vibrants où la nature se déploie dans l'expression d'une puissance brute, pour retrouver cette ville silencieuse comme un jour de deuil.
Le Cap-Ferret était une ombre morne. Ça sentait les vagues et la solitude. Les cabanes de pêcheurs se tenaient là, comme des vestiges d'un temps révolu. Les terrasses vides, les rares personnes croisées dehors masquées… Tout semblait murmurer la mélancolie sourde d'un monde en apnée.

Je me suis arrêté un instant, pour respirer l'air salin, reprendre contact avec ce qui a toujours été vital pour moi : l'océan… Aujourd'hui encore, alors que j'habite Biarritz, je n'imagine pas passer une journée sans venir m'y reconnecter. Les vagues, d'habitude si violentes, se brisaient sur le rivage avec une lenteur désenchantée, comme si elles aussi avaient compris, bien avant nous, que le monde allait changer.

Le contraste était saisissant. Dans le Grand Nord, j'avais goûté à l'immensité, cette dimension incroyable dont on prend conscience quand on atteint ces territoires perdus, isolés, oubliés… Chaque pas sur la neige crissante était une affirmation de vie, le bruit de la présence. Ici, tout semblait étriqué, comme si le confinement avait resserré les mailles de la réalité.
J'avais l'impression d'être revenu d'un monde où le silence hurlait sa pleine puissance pour me retrouver dans une toile de fond figée en plein cœur de la ville. Un monde suspendu…

Une nouvelle fois, cette certitude que j'avais ressentie mille fois au plus profond de moi se confirmait à nouveau : la beauté de la vie réside dans sa fragilité.

À cette époque, je suis confiné loin de mes filles parties à Montpellier avec leur mère, chez leurs grands-parents. Je vivais loin de leur quotidien que je m'efforçais de partager à distance. Installé alors à cause du Covid au Cap-Ferret avec mon frère Simon, rien ne va vraiment.

En pleine séparation, moi qui, plus que quiconque, ai toujours eu un besoin crucial de solitude, je ressens cette arrivée comme une mise à l'isolement, totalement à contretemps de la vie que je voulais mener.

Rien ne me semblait plus absurde que cette impression épouvantable de ne pas utiliser le temps dont je disposais et de le laisser filer, sans rien en faire… On avait dû tout arrêter pour se retrouver dans un temps vide, statique, figé. Il fallait obéir pourtant, sans rien comprendre, sans rien savoir, juste à cause de la peur du lendemain.
Jamais cette peur-là ne m'avait effleuré.

Il n'y avait qu'une chose à faire : rester chez soi, se distraire en bougeant les meubles de place ou repeindre un mur pour s'inventer un nouveau quotidien, découvrir les joies des activités manuelles, du sport à la maison, des réunions sur Skype pour voir les siens ?
Impossible pour moi.
Les médias vantaient chaque jour notre capacité d'adaptation dont on nous rabâchait les vertus… Les petits soldats étaient au garde-à-vous… Clairement, toute cette mascarade n'était pas pour moi… Je devenais dingue.
J'ai néanmoins eu énormément de chance d'être confiné dans un lieu en pleine nature, ce qui m'a sans doute sauvé. L'isolement devient acceptable lorsque la nature reprend ses droits sur le rythme des hommes.

J'ai pu jouir de certains plaisirs qui avaient disparu pour la plupart des humains à cette période-là. Profiter de la mer, de la force de l'océan, de l'énergie des forêts de pins à perte de vue.
Un environnement non négligeable pour cette forme de survie.

Avec le recul, je sais aussi aujourd'hui que c'est dans ces moments d'incroyable mal-être que naissent les projets salvateurs.

Néanmoins, les mois de confinement m'ont plongé dans un état quasi schizophrénique dans lequel je n'arrivais pas à me reconnecter à la personne que j'étais avant mon départ.

Rentré, mais loin de ma famille, le « reset » ne s'effectuait pas… Malgré le peu de mémoire que je garde des événements passés, je me rappelle très précisément de cet état de stagnation psychologique dans lequel je m'enfonçais, cherchant à retrouver des expériences de vie pour me retrouver.
Mes démons se réveillaient et me tiraient par la manche tels des fantômes pour me faire céder aux pièges de la situation. Pour survivre à la déception de cette expédition avortée, ajoutée à ma séparation encore récente et au manque viscéral de mes enfants, je perdais pied, tâton-

nant au quotidien, manquant d'air, cherchant l'adrénaline, vivant les quelque 550 kilomètres qui me séparaient de mes enfants comme une terre infranchissable, pied-de-nez absurde du destin alors même que je vouais ma vie à franchir l'insurmontable.

Tout en moi ressentait cette faille que je n'avais jamais imaginée. L'hostilité des territoires où m'emmenaient mes expéditions extrêmes apparaissait tout à coup moins violente que la conscience de ce monde mortel dans lequel nous devions apprendre à vivre et qui, d'annonce officielle en annonce officielle, ne cessait de se prolonger.
La seule issue évidemment, c'était d'occuper mon cerveau à la remise en route d'un nouveau projet. Alors je me mis en quête d'une nouvelle aventure, abreuvant ainsi mon addiction aux défis proposés par l'exploration de nouveaux territoires.

02.

ARCTIC MISSION, LA NAISSANCE D'UN PROJET

02.

Nourrir une lubie n'est rien d'autre qu'un pari sur la liberté.
Décider où, quand et comment va se dérouler une tranche de vie.
Se projeter, dans le meilleur et dans le pire.
Laisser son imagination aller au-delà des risques, au bord des gouffres et des pièges que la terre tend aux audacieux.
Réunir toutes les personnes nécessaires autour d'une

mission et tout anticiper : pour soi mais aussi pour les autres, pour le matériel, l'humain et tout ce qui nous dépasse comme le rythme même de la nature.
J'étais en manque d'aventure et de sensations fortes, de record à battre et de défi à réaliser ? J'allais être servi.

J'avais besoin de repartir. L'appel du Grand Nord, comme un air de revanche sur la banquise, qui ne sera ni un voyage ni une petite aventure mais bel et bien une nouvelle expédition. La plus grande même.
Dans mon métier d'aventurier, rien ne se fait par hasard. Bien que l'idée parte souvent d'une envie ou d'une intuition, tout se prépare, se calcule, se chiffre, s'anticipe. Rien n'est laissé au hasard. Tout est millimétré et malgré tout, je sais que certains imprévus émergeront en cours de route. Chaque poste doit être subtilement orchestré, comme du papier à musique. Je suis un impulsif et ce que je recherche avant tout c'est le dépassement de soi. Je veux battre mes propres records, m'imposer des conditions de plus en plus contraignantes. Je n'ai pas de curseur. Ça justement, c'est aussi le rôle du staff : savoir dire STOP, tirer la sonnette d'alarme et imposer l'arrêt et le rapatriement quand la mort devient incontournable.
Parce qu'ils le savent tous : je suis extrémiste et ma vie n'est pas une limite pour moi. J'ai davantage peur d'échouer que de mourir.
Quand démarre l'idée de repartir en Arctique, je dois

J'ai davantage
peur d'échouer
que de

R. MOURIR. MOU

constituer une nouvelle équipe pour monter le projet : l'objectif est de trouver toutes les personnes qui vont réussir à donner naissance à la réalité de l'expédition et en assurer la réussite. Pas juste prendre des billets d'avion et ensuite se retrouver quelques mois plus tard pour fêter les exploits. Non.

Une expédition comme celle que je prépare, c'est un immense chantier, une logistique de folie dans laquelle le risque est partout : prévoir des mois à l'avance tout ce dont on va avoir besoin – moi pour avancer et eux pour me suivre ; casser du matériel ou en perdre ; faire déposer de la nourriture à chaque point de ravitaillement pour ne pas avoir à la porter tout du long – ce qui est techniquement impossible sur tous ces kilomètres à parcourir. Pour chaque étape à affronter, je dois récupérer entre un et cinq kilos de nourriture par jour en fonction de la distance à effectuer. Je dois également disposer d'une tente, de matériel pour communiquer, pour se réchauffer, se protéger, résister et se défendre. Tout ce matériel doit être doublé en partie par sécurité et il revient à mon équipe de gérer ça. L'essentiel doit tenir dans une pulka chargée, pesant entre 120 et 180 kg pour que je puisse partir en totale autonomie.

Pour mon équipe aussi tout doit être orchestré avec autant de minutie et de précision : les autorisations officielles, la sécurité, la gestion des points d'étapes, leur matériel à renouveler, les systèmes de communication, les moyens de déplacement, la venue de la famille et des proches, la prod,

la nourriture lyophilisée – à envoyer en tenant compte des délais qui parfois s'étirent jusqu'à plus d'un mois. Bref, rien n'est simple, rien n'est une partie de plaisir, tout est pensé dans une exigence infinie pour minimiser les risques.
Nous savons tous que le risque zéro n'existe pas et quelque part au fond de nous, nous savons que le vrai défi consiste à maîtriser l'inconnu, gérer l'imprévisible et se dépasser dans la confrontation avec l'hostilité implacable de la vie.

Pour chacun de nous, le matériel technique de pointe doit être conçu pour les conditions extrêmes. Tout doit être réfléchi en amont avec un plan B, sachant qu'à tout instant, un événement extérieur peut faire basculer l'aventure dans le drame.
On comprend aisément pourquoi l'équipe est cruciale : il ne faut pas des professionnels, il faut des experts, des personnes aguerries aux situations extrêmes, qui ne s'effraient pas des risques et des dangers, qui acceptent de suivre, de souffrir aussi car les conditions climatiques sont violentes, et plus encore, d'endosser les responsabilités de leur mission. Je dois trouver des personnes infaillibles, avec un mental d'acier, résistantes au mal, toujours dans l'action, jamais dans l'ego. Autant dire que c'est une denrée rare…
Dans cette expédition, je ne le cache pas, il y a plus de risque que de plaisir.
Que des coups à prendre. Mais la montée d'adrénaline est à ce prix.

À ce moment-là, lorsque toutes les pièces du puzzle se mettent en place, en septembre 2021, je vais rencontrer une jeune chef d'expédition : Chloé Tedaldi.

Je l'ai découverte à la suite d'une expédition qu'elle a menée avec un contact en commun. Je décide de lui envoyer un message en lui proposant tout simplement de lui parler de mon projet.
Nous discutons par téléphone et faisons le choix très vite de nous rencontrer à Paris. À cet instant, nous sommes à environ seize mois du départ.
Je ne sais pas sur quelle personnalité je vais tomber… Les réseaux sont le lieu de fantasmes et de personnalités qui se cachent derrière de belles images. Il y a des héros, des gens singuliers et des pitres.
Pourtant, j'ai une intuition et, depuis longtemps, j'ai appris à m'y fier.

Chloé est discrète, réservée, et tout de suite je me dis que c'est la bonne personne. En échangeant avec elle, je comprends qu'elle a déjà géré des expéditions avec des personnalités difficiles.
Rien ne semble l'impressionner et il me semble évident qu'elle ne bluffe pas. Elle raconte les projets qu'elle a menés, les pièges qu'elle a contournés, ses difficultés, ses attentes sur ses prochaines étapes…
Elle a la tête froide.

Elle prend des notes, laisse respirer nos échanges…
Elle me pose les bonnes questions, elle est rapide, claire, efficace.
Elle comprend tout.

Je ne suis pas simple, et je n'ai pas l'intention de changer.
Je ne m'en cache pas.
Je prends le temps de lui exposer le projet, même si tout est loin d'être clair et posé, mais je veux qu'elle sente qui je suis et qu'une expédition comme celle-ci, c'est plus qu'un boulot, c'est un engagement. Je veux qu'elle sache que rien n'est encore défini et que c'est aussi ce que j'attends d'elle : une vraie collaboration, pas seulement une personne à distance qui gère sur commande, pas un bon soldat, mais un chef des armées.
Je ne manque pas de souligner les difficultés et les défis qui sont intrinsèquement liés à ce départ.
Chloé comprend, très vite, trop vite.
Je sens que le projet lui parle et qu'elle m'écoute avec une attention peu commune…
Il me semble avoir tout dit.
Elle prend son souffle et contre toute attente, me dit ne pas se sentir à la hauteur d'un projet de cette envergure.
Ok.
J'aime qu'elle ne perde pas de temps en détours.
Elle dit ce qu'elle pense. Ça me plaît.
Comme c'est le cas chaque fois que je sens que je suis dans

le vrai, je persiste à voir le verre à moitié plein : « elle n'a pas dit non… À moi de la convaincre car je suis persuadé qu'elle en est capable ».
Je prends sa réponse comme de la prudence. C'est précisément ce dont j'ai besoin : une personne qui a la tête froide, les idées claires et qui ne se laisse pas épater par un projet qui est encore complètement flou.

Je continue de lui parler, j'entre dans les détails, je veux qu'elle comprenne que c'est une coéquipière comme elle dont j'ai besoin et que je ne suis pas qu'un fou furieux… Je cherche une façon de lui donner confiance, qu'elle comprenne que je n'ai pas d'autre choix que l'exigence et la perfection.

Les jours passent, puis les semaines. Chloé est ferme sur sa décision. Comme chaque fois que le destin se dérobe, je cherche une façon de ruser et de le prendre à défaut. Je laisse le temps passer, quelques jours, mais c'est déjà beaucoup pour moi. Chloé a besoin de réfléchir, c'est évident, et de prendre un peu de recul face à mon enthousiasme et ma surabondance d'informations.
Trop ambitieux, trop difficile, trop dangereux, etc. Je dois rétropédaler pour la rattraper au vol car je sais qu'elle est exactement la bonne personne pour ce projet. Mon intuition m'a rarement trompé.
Le temps passe et me presse… Jusqu'au jour où je reçois

un sms : « On ne dit pas non à Loury Lag ».
« Quand Loury Lag m'a proposé d'être chef d'expédition sur Mission Arctic, j'ai dit non longtemps.
C'était trop de responsabilités, trop dangereux, trop risqué, trop cher, trop ambitieux.
Se tenir prête à gérer des démarches administratives hors du commun, des ours polaires affamés, des populations inuites réputées hostiles, la banquise qui se décroche, des plans d'évacuation pas toujours fiables et des dangers infinis… C'était trop.
Mais on ne dit pas non à Loury Lag et c'est son don, quand il veut quelque chose il l'obtient. Il insiste, il argumente, il passionne, il flatte, il captive. Alors j'ai fini par dire oui. Et on est parti.
Affronter les obstacles, multiplier les imprévus, trouver des solutions, travailler nuit et jour, faire des rencontres, faire confiance, se tromper, tomber et se relever, se trahir, avoir peur à en pleurer, lier des amitiés… Apprendre et explorer.
J'avais raison. C'était trop de responsabilités, trop dangereux, trop risqué, trop cher et trop ambitieux.
Mais j'avais tort, c'était (trop) exceptionnel.
Loury Lag est trop… Trop intelligent, trop spontané, trop inattendu, trop bruyant, trop attentionné, trop touchant, trop brigand… Trop vivant. Trop fort aussi.
Et cette aventure, c'était tout à la fois.
Alors merci pour ça. »
Chloé m'appelle : elle accepte !

À ce stade de la construction de cette expédition je peux déjà compter sur mes anciens camarades tels que Marvin Nauche, un ancien militaire qui s'occupe de mon support météo; Paul Richard, mon agent qui a structuré et porté le projet à mes côtés depuis le début; Benjamin Faure qui sera sur le terrain pour la réalisation des images et Dorian Fleuri, un ami avec qui je partage les mêmes passions pour l'aventure dans les bons comme dans les mauvais moments, qui m'a aidé et accompagné sur la logistique et la nourriture.
Axel Kowalczyk de chez Therm-ic, qui me soutient sans faille depuis des années, sera mon partenaire principal pour cette expédition.
Ma famille, mes frères et mon père qui traversent une période extrêmement compliquée face à la maladie de mon paternel ; Lorraine, la mère de mes filles qui va devoir gérer leur quotidien sans moi pendant plusieurs mois et bien évidemment Maud Larquier, ma fiancée, qui me laisse encore une fois partir sans savoir si elle me reverra, tous sont le socle indestructible de mes expéditions.

03.

03.

LE GRAND AMOUR

Tout se passe comme si dans la vie, notre présent nous offrait une lecture claire de notre passé, le résultat de nos choix successifs qui nous ont menés, au fil du temps, là où nous en sommes aujourd'hui. C'est encore plus vrai lorsque, dans votre vie, surgit une personne qui n'a cessé d'y entrer et d'en sortir, comme si jusque-là, le moment n'était pas encore venu de partager nos existences respectives.

Maud a assurément semé en moi ce qui, au fil du temps, allait devenir pour moi la définition même de la passion amoureuse, tout aussi extraordinaire que destructrice. D'une rencontre à 16 ans au collège, adolescent violent face aux règles de la vie, à ma vie d'aujourd'hui, père de famille, explorateur et entrepreneur, rares sont les moments où Maud n'a pas été intrinsèquement liée à ma vie et mes décisions. Pourtant, près de vingt ans nous ont bousculés d'un côté à l'autre du monde, chacun traçant sa route comme on suit un apprentissage. Un trajet de vie qui a considérablement changé ma conception des relations amoureuses, qui m'a nourri pendant des années autant qu'il m'a détruit, qui m'a fait évoluer en me faisant expérimenter l'amour fou, obsessionnel, que l'on peut ressentir, fluctuant entre rage et douceur, baignant dans un amour inconditionnel…

Tout commence dans ce collège à Bordeaux.
Je n'ai d'yeux que pour une fille, Maud Larquier…

Je suis tombé immédiatement fou amoureux d'elle.
Je veux la voir, lui parler, passer du temps avec elle, tout mon temps, celui en tout cas que je ne passe pas en garde à vue, moi qui suis alors un électron libre, me battant pour tous les motifs qui se présentent à moi, adolescent qui ne sait pas composer avec la frustration… Tout chez moi exprime la colère, attise mon envie d'en découdre et d'affirmer qui je suis, revendiquant le respect que l'on m'accorde au gré de mes affrontements. Une fois de plus,

ma grammaire se compose entre force et violence, et pourtant Maud crée dès le premier jour une faille béante et passionnelle.

Jeune fille sublime et solaire, Maud a deux ans de moins que moi.
Elle a connu la violente déflagration de la mort de sa mère qu'elle a assistée jusqu'au bout. Mais perdre son seul modèle avait définitivement anéanti une partie de sa jeunesse.
À quatorze ans, elle a une maturité impressionnante, a intégré des principes de vie qui lui permettent de naviguer sur les situations quelles qu'elles soient, d'aborder la vie amoureuse avec légèreté et distance et d'inspirer une force peu commune. Maud a d'ores et déjà compris la valeur de la liberté et en fait un étendard qui me transperce.

Nos regards se sont croisés un jour de classe et cette scène banale a pris, dans mon esprit, les dimensions d'un cataclysme. C'était l'une de ces reines de collège, avec tous les garçons du bahut qui n'avaient d'yeux que pour elle.
Les miens en tout cas ne la quittaient plus.
Son assurance tranquille, imperméable aux jeux de pouvoir qui me consumaient, cette indifférence aux codes de la jungle adolescente me fascinait.
Entre silences, distances et incompréhensions, Maud n'avait, à cette époque, pas envie de s'engager avec moi.

Elle m'aimait, mais plus encore aimait sa liberté affranchie de toute convenance, de tout principe. Cette attitude m'a littéralement cloué au sol.
Ainsi, contrairement aux affrontements directs où lâcher ses coups n'avait plus de mystère pour moi, où je savais comment me mouvoir, quoi dire, comment frapper, face à Maud, j'étais désarmé. Je ressentais une douleur terrible face au désintérêt que je semblais lui inspirer alors même que quelques jours plus tôt elle me confiait m'aimer comme une folle.
Je me suis jeté à corps perdu dans cette histoire d'amour, totalement chamboulé par cette jeune fille, bouleversé par sa rencontre, littéralement transporté par vibrations profondes que j'expérimentais pour la première fois : ce fameux sentiment amoureux.

Maud était dans une conscience totale de notre relation, prête à vivre la légèreté amoureuse avec passion. Amoureuse de notre histoire mais vivant avec une maturité tellement plus forte que ma sidération, je ne faisais pas le poids… Après l'extase de la passion, je découvrais avec elle la douleur d'un nouveau monde : celle de ne pas être aimé comme je l'aurais souhaité. Ma passion pour elle, envahissante, obsessionnelle, déchirante, a fini peut-être par lui être insupportable. Elle m'a brisé le cœur, jouant tendrement de ses hésitations.
Les montagnes russes émotionnelles avaient pris place

un enfant
perdu
derrière une
armure de

E. COLÈRE. COL

dans ma vie, m'infligeant un véritable supplice face à sa curiosité amusée par l'animal que j'étais. Cette construction chaotique de l'amour a définitivement chamboulé ma conception des femmes, mes relations avec elles, m'imposant une souffrance quasi permanente.
Pourtant, à seize ans à peine, j'avais la conviction qu'elle seule savait qui j'étais vraiment, un enfant perdu derrière une armure de colère, alors même que tous me voyaient indomptable et dangereux.

Moi j'avais l'impression que c'était déjà d'une évidence écrasante, sans même savoir ce que voulait dire aimer, j'avais la conviction que c'était le grand amour de ma vie.

04.

LE COMPTEUR TOURNE

JR

04.
LE

À partir de ce moment-là, le compte à rebours est lancé. On pose les bases de la réflexion qui nous oblige à chercher à chaque étape, le piège que l'environnement va nous tendre. Ce serait une erreur de penser que tout va se passer comme prévu : notre force, c'est de savoir dès le départ qu'il y a une part inéluctable d'inconnu. Les éléments, implacables, sont les grands dictateurs de ces projets et nous n'avons pas d'autre choix que de nous y soumettre. La première chose à prendre en compte, c'est que la durée que nous allons passer à progresser sur la banquise n'est

pas extensible. La période accessible est déterminée par le froid : dès que les températures vont commencer à s'élever, il ne sera plus possible d'évoluer sans risques.
Les agendas sont sortis et les dates fixées : il faut impérativement partir en janvier et revenir au plus tard fin avril.
Est-ce réalisable ?
La nature du terrain nous le dira…
Nous avons une fenêtre de tir très mince et pas vraiment le droit à l'erreur.
On doit être prêts, coûte que coûte…

Chaque jour est compté.
On avance de façon méthodique : tout doit être d'une précision absolue et, paradoxalement, on sait aussi qu'on ne maîtrise rien des éléments, ou si peu…
Évidemment, mon expérience des expéditions extrêmes me permet d'évaluer bien mieux qu'avant les points de force et les faiblesses de l'itinéraire que nous sommes en train de concevoir.
Une fois que tout est calé, que l'on a déterminé précisément tous les villages par lesquels je peux passer pour me rendre de Prudhoe Bay à Igloulik en un temps maximal de 90 jours, ce n'est toujours pas fini : il faut maintenant impérativement trouver une alternative pour chaque étape. Car encore une fois : TOUT peut se produire et surtout l'imprévisible… Si je suis blessé, si je ne peux pas progresser sur la glace, si les vents m'empêchent d'avancer, si je casse du

matériel, si je me perds aussi…
Le nombre de vérifications et de détails à régler est incalculable.
Et chaque fois, il faut s'assurer que chaque détail est prévu pour que je puisse avancer et permettre à toute l'équipe de me suivre à distance en toute sécurité.
C'est à ce prix que nous allons tous pouvoir partir sereins.

Officieusement, nous réussissons à recueillir des données de la NASA qui nous rassurent sur l'état de la banquise, mais nous savons aussi que ça ne suffit pas.
Les datas ne sont jamais des certitudes mais une simple projection.
C'est pour toutes ces raisons que lorsque je mets en route cette expédition, j'ai besoin d'une équipe rodée, soudée, fiable, intelligente, réactive. Je dois avoir 100 % confiance en eux, et inversement. Il ne doit y avoir ni ego mal placé ni poussée de testostérone.
Nous sommes ensemble, du début à la fin, liés dans la magie du grand blanc et le drame de l'extrême.

Comme prévu, Chloé s'avère être exceptionnelle : elle gère les équipes, les étapes, la logistique avec tout le matériel pour chacun, les ravitaillements, les trajets, les autorisations, la sécurité, l'argent.
Et surtout, elle me gère « moi ».
Nous avons élaboré chaque situation avec ses probléma-

tiques, avec une solution immédiate et accessible pour une personne qui se retrouve seule dans des conditions extrêmes : le vent, la tempête, la glace, le danger d'une confrontation avec certains animaux prédateurs – nous savons qu'il y a à cette époque des loups et des ours sur l'itinéraire que nous avons choisi –, la maladie de mon père… L'inconnu en somme.
Pas de place pour cogiter : nous devons être préparés, organisés, armés. La liste des risques doit être dressée pour que rien ne soit une surprise, même s'il y en aura forcément.

Nous passons tout en réflexion et tâchons de répondre à toutes les questions qui peuvent se présenter : comment agir si Loury tombe dans l'eau glaciale ? S'il se fait attaquer par un ours ? S'il casse son matériel ou déchire une voile ? Si nous perdons la communication ? S'il est pris dans une tempête ? S'il meurt, qui doit être prévenu en premier ? Et si son corps n'est pas retrouvé, que disons-nous à ses proches ?
Plus nous travaillons à tout prévoir, plus nous réalisons les situations infinies que je peux rencontrer. Il faudra aussi miser sur la chance, mais ça, personne ne le verbalise. Ça se lit dans les regards…

La préparation dure des mois et passe par une charge de travail et une tension nerveuse hors du commun parce qu'il ne faut pas se mentir : on doit surtout imaginer ce qui va

me faire sortir des rails, compromettre le bon déroulement de l'expédition et renforcer le danger, inviter la mort. Nous allumons des warnings partout…
Au fil des scénarios, je comprends que l'équipe, bien qu'aguerrie aux situations à risques, commence à en réaliser l'ampleur.
La pression monte. Nous sommes de plus en plus soudés, à l'écoute de chaque réflexion, connectés.
Nous devons également briefer tous ceux qui vont être en contact avec moi au quotidien, pour me donner des infos météo, m'avertir par exemple de l'arrivée d'un gros coup de vent dans 24 heures, m'aider à progresser dans des zones qui ne sont pas toujours cartographiées…

Et ce n'est pas tout : il y a aussi la famille.

05.

LA VÉRITÉ SORT DE LA BOUCHE DES ENFANTS

05.

É

LA

À cette époque, mes deux filles sont encore jeunes puisqu'elles ont 5 et 7 ans. Pita et Eli sont habituées à me voir partir, à vivre avec un père à distance. Mais ces départs ont souvent une particularité : quand je pars, je pars longtemps… Trop longtemps pour que ces absences soient compréhensibles pour des enfants. Au tout début,

j'avais choisi de compter les nuits d'absence et de faire un décompte en « dodos »… Mais très vite, les chiffres annoncés ne correspondaient plus à rien pour elle.
Quatre-vingt-dix jours, c'est long, très long.
Là aussi, c'est une vie dans des conditions extrêmes : les laisser, manquer certains événements, ne pas toujours réussir à les joindre quand je suis loin, accepter de ne pas tout vivre avec elles, se sentir isolé et admettre que c'est mon choix… À cela s'ajoutent les moments où elles ne souhaitent pas me parler. Parfois, elles ne veulent tout simplement pas m'entendre, une façon d'exprimer ce qu'elles ressentent sans passer par les mots. Je sais que ce que je leur fais vivre n'est pas totalement lisible à leur âge.
La plus jeune m'a dit un jour très sérieusement quand j'étais parti trop longtemps : « Je ne t'aime plus »…
Dur à encaisser pour un parent. Mais j'avais compris.
Elle avait verbalisé sa peine, le manque incompréhensible de son papa. Et elle avait tapé dans le mille.
Atrocement douloureux, pour elle, pour moi, pour ma famille.
Et à la fois merveilleux qu'elle l'exprime.
J'ai pris ça comme une main tendue, une façon de me dire : est-ce que tu vas te battre pour moi ? Est-ce que ça va te faire un bon électrochoc ? Qu'est-ce qui vaut autant la peine pour que tu nous laisses ?
Il y a un bras de fer inévitable qui se met en place lorsque je pars : d'un côté toute la force que je mets pour rendre cette

absence la plus acceptable possible, et de l'autre, de leur point de vue de petites filles, l'énergie qu'elles emploient à me tourner le dos, comme si elles voulaient me mettre plus encore à l'épreuve.
Et je les comprends tellement !

Je connais aussi les reproches qui me sont adressés concernant ma relation avec mes enfants, mon lien viscéral que les gens confrontent à mon appétit vital de prendre le large dans des expéditions qui me mettent en danger.
Mille fois j'ai entendu à mon sujet « prendre des risques alors qu'il a des enfants », « aime ses enfants plus que tout mais part quand même… », « de l'égoïsme, que son plaisir qui compte… ».
J'entends. Mais je n'ai à rougir de rien.
Personne ne vit avec moi.
Personne ne sait quel père je suis.
Qui connaît ma vie avec les miens ?
J'essaye de garder le maximum d'objectivité pour comprendre au mieux ce qu'on ne comprend pas.
Et c'est aussi mon métier. Je n'entends personne juger l'archéologue qui quitte son domicile plusieurs mois pour fouiller un terrain. Ou encore on n'émet pas d'avis concernant un militaire qui part en mission.

Je suis un aventurier professionnel.
J'ai tout fait pour vivre la vie que je rêvais avoir. C'est

intrinsèquement ma philosophie : vivre de ce que l'on aime, je n'ai pas d'autres choses à apprendre à mes filles, pas d'autre combat à leur faire mener. Ne pas perdre une seconde tant que la vie nous le permet, pour avancer sur le chemin qu'on a choisi.

Au fond, la seule chose qui m'importe véritablement, c'est ce que pense et ce que comprend ma garde rapprochée : ma famille, mon clan. Et la seule chose que je leur dois, c'est de rentrer vivant.

À l'heure où j'écris ce livre, un an après a coulé depuis le retour d'Arctic Mission. J'ai décidé de monter une expédition avec mes filles de 6 et 8 ans. Les aider à mieux comprendre mes départs, mes longues absences, la beauté des paysages, la solitude et ce qu'étaient précisément mes folles aventures. Je voulais qu'elles touchent du bout du doigt la vie que je menais sans elles. Une façon de partager ensemble ce qui n'était qu'un imaginaire pour elles et de leur créer de vraies images…

C'est ainsi que nous sommes partis tous les trois, quinze jours en Bolivie sur le Salar d'Uyuni, le plus grand désert de sel du monde, situé à 3 700 mètres d'altitude, derrière la cordillère des Andes.

C'est à ce moment-là qu'elles ont compris les préparations physiques, les contrôles de santé, le matériel, la nourriture, les déplacements, qu'elles ont appréhendé les dangers, la fatigue, la difficulté, la routine, émerveillées par la beauté,

les espaces, nos échanges et nos silences, nos rires, nos regards… Leur première expédition ! Quel bonheur…
J'ai pu voir leur détermination, leur sensibilité, leur courage, le dépassement de soi dont elles faisaient preuve et également leur capacité de fascination devant la nature : les animaux, les paysages, etc.
J'ai rencontré deux incroyables petites guerrières, courageuses, obstinées.
Épuisées, le visage meurtri par le soleil et la réverbération, elles me répétaient « on veut aller au bout »…
J'ai pensé un instant que cet exercice était un peu trop ambitieux, mais non : elles ont toutes les deux montré un mental d'acier et sont revenues fortes, fières de leur exploit avec un seul objectif, me faire promettre de renouveler chaque année l'expérience avec elles…
Promesse faite.

Une expérience que je souhaite du plus profond de mon cœur, à tous les parents, c'est de vivre un moment comme celui-là, avec leurs enfants. Un moment fait pour eux, construit avec eux, où il n'y a rien d'autre à faire que de passer du temps avec eux.
L'aventure : les voir observer, s'interroger, chercher ce que la journée peut avoir d'unique et d'exceptionnel.

Cette expédition a montré toute la richesse du partage et j'ai la certitude que ce sont ces moments-là qui ancrent

le plus fortement le lien d'un parent à ses enfants. Je sais que je leur transmets bien plus par le feu que j'allume, les éléments que je brave, mes mains marquées et nos silences complices que par d'infinis discours. À travers la nature que nous avons partagée, mes filles ont découvert non seulement le monde mais l'homme qui l'accompagne. On ne s'aime jamais autant qu'en affrontant le langage brut de la nature. Le lien filial se forge là, dans des gestes simples et dans la rudesse de la nature qui est un jeu d'éveil.
Non pas que le quotidien n'ait de valeur, mais il est composé d'une routine qui détruit le possible émerveillement. Certes j'avais organisé cette expédition en réponse à leur demande de partir avec moi. Mais je ne peux nier qu'au fond de moi, il y avait ces phrases froides, implacables, sans aucune colère, « papa je ne veux plus te parler, je ne veux plus te voir… », dont je ne pouvais ignorer le sens profond. J'avais amorti, mais cela m'avait fait mal.

Impossible de ne pas saisir que, tout simplement, le lien pour un enfant se construit sur la présence. Pas juste être là physiquement, mais donner de son âme. Et plus on avance en âge, plus l'on comprend que c'est bien le temps partagé qui est le cadeau le plus précieux que l'on puisse faire à ceux que l'on aime. Cette fois-ci, notre temps ensemble, je l'ai voulu riche et intense, pour vivre avec elles une part de ce qu'est mon métier, ma passion aussi, l'élan viscéral qui me pousse à m'éloigner d'elles pour assou-

vir un besoin vital. Je tenais à leur faire comprendre que, là où je vais, elles ne peuvent pas, pour l'instant, me suivre et à ce qu'elles connaissent et comprennent aussi la richesse profonde de moments tels que ceux que nous avions vécus. Le bonheur de la découverte du monde s'offre à ceux qui nous sont chers, mais pas les risques.
Ma plus grande fierté, c'est qu'au bout du monde, elles ont compris…

Elles ont saisi l'extension du temps lorsqu'on le passe à vivre à 200 % et à découvrir la beauté du monde. Lorsque chaque jour nous invite à nous dépasser et à faire de nous une personne que nous n'imaginions même pas auparavant, réinventée et transformée par la communion avec la nature et le vivant.

Cette valeur du temps qui se déroule et de l'importance à lui accorder est une notion que j'ai toujours ressentie comme prenant une place centrale dans les décisions de ma vie.
Le temps est un sablier qui s'écoule, dont on ne connaît pas la contenance.
Cette fragilité qui s'impose à nous est une certitude viscérale, ancrée au plus profond de mon être, comme une boussole intérieure qui me guide.
Depuis mon plus jeune âge, j'ai cette conviction que le temps qui m'est accordé est à la fois précieux et magique,

mais qu'il est, hélas, compté. Chaque seconde qui s'égrène est rare. Les actes les plus forts de ma vie ont toujours été habités par cette hyper conscience, cette lucidité aiguë de la fugacité de l'instant.
Je me souviens de ces moments où l'adrénaline pulsait dans mes veines, où chaque décision était empreinte d'une gravité presque sacrée, comme si le destin lui-même m'offrait une fenêtre d'opportunité à saisir.
Je me souviens de mon impatience, des piétinements quand je souhaitais faire en sorte que tout aille plus vite… Le temps est une opportunité et il nous revient d'en faire quelque chose. Dès mon plus jeune âge, j'ai eu cette impression que c'était l'une de mes missions.
Ne pas s'y plier n'est rien d'autre qu'un gâchis incompréhensible.

J'ai toujours trouvé dans cette conscience du temps le sens même de la vie et sa beauté poignante. J'admets avoir peu de compréhension face à ceux qui n'en ont rien fait… Cela semble très basique, voire simpliste. Pourtant, j'ai compris que tout le monde n'a pas la capacité d'entrer en action, d'occuper l'espace, de ne pas le laisser filer. On est toujours empêché d'avancer, de prendre une décision, de terminer…
J'ai beaucoup de mal à l'accepter, à le comprendre et l'inertie est une force qui me met profondément en colère. Ça me fait mal de voir quelqu'un perdre le temps qui lui

Le temps est
une opportunité
et il nous
revient d'en faire
quelque

SE. CHOSE. CHO

est donné, ne pas exploiter chaque seconde pour vivre ses rêves.
Les personnes que j'aime autour de moi le savent car je ne sais pas me taire lorsque j'assiste à la difficulté qu'ils peuvent avoir à passer à l'action : qu'est-ce que tu attends ? Tente la vie dont tu rêves ! Quel est le risque ? Au pire ça ne marche pas et tu gagnes du temps pour passer à autre chose, et au mieux ça marche !
La vie est surprenante parfois, si on lui en donne l'opportunité.

Mes expériences et les dangers dans lesquels je me suis plongé m'ont appris à quel point il est vital de se battre pour ce qui nous anime, de tendre vers ce qu'on pourrait appeler l'essentiel. C'est à travers la difficulté et le risque que je ressens ma profonde passion pour la vie, pour l'énergie qui m'est donnée de transformer mon existence en action.
Une personne vivant jusqu'à 80 ans aura usé environ de 701 280 heures…
Que feriez-vous avec ça ?

Pour ma part, en pleine conscience de tout cela, j'ai œuvré avec efficacité, j'ai pris des chemins détournés, j'ai trébuché, je suis tombé, on m'a fait tomber aussi, mais j'ai toujours continué à avancer, j'ai appris à slalomer pour être là où je suis aujourd'hui, toujours à utiliser le temps…

Je tomberai sans doute encore. Ainsi va la vie.
Mais j'ai décidé de faire de chaque jour quelque chose de neuf et de différent.
Je m'y engage pleinement, je me lève chaque matin avec la détermination de vibrer, de tout donner pour tenter d'obtenir ce dont je rêve. La vie est puissante et chaque pas doit être empreint de sens.
L'inaction est un carcan terrible, la procrastination une pente vertigineuse.
Notre énergie à être audacieux, à vivre chaque jour en se disant « même si je n'ai rien réussi, j'ai vécu des choses, beaucoup de choses », est à mon sens le devoir que nous avons tous et pour ma part l'un des mantras que je souhaite inculquer à mes filles : respecte le temps et la vie qui te sont donnés en en faisant quelque chose.

Car au fond, ce qui compte, c'est de donner toute sa place à la vie, de la goûter à chaque instant et de ne jamais oublier que le temps, ce compagnon insaisissable, mérite d'être honoré par des choix audacieux et des rêves réalisés.
J'ai compris il y a déjà longtemps que nous ne partirons avec rien. À la fin, la seule chose qu'il nous restera, ce sont nos souvenirs.
C'est ainsi que je me suis attelé à fabriquer des souvenirs, et non pas posséder le temps.

06. 06.

E JE

JEUNESSE DISLOQUÉE

Ni déballage ni règlement de compte, j'avais décidé en écrivant ce livre que je ne laisserai rien de côté, que je ne chercherai pas à édulcorer des aspects de ma vie pour lisser mon image.
Je me sens prêt.
Prêt à tout montrer, à tout dire sans protéger ni enfoncer personne, encore moins moi-même. Non pour nettoyer ma conscience, mais par souci d'honnêteté et parce que la vérité est plus facile à vivre que la légende. Affronter ses démons, c'est aussi devoir s'imposer un changement.

Mon enfance, mon éducation, ma façon de m'y opposer, de me rebeller, de me révolter aussi, ont construit la personne que je suis et qui se tient debout sans fléchir. Je n'ai à rougir de rien. Certes, le recul m'a montré du doigt les erreurs et les fausses routes mais elles appartiennent au passé. Je ne traîne pas de casseroles, pas de regrets. J'ai toujours payé ma vie comptant.

Alors, pas d'impasse sur ma jeunesse.
Elle n'a pas été tumultueuse : elle a été totalement hors cadre. J'ai grandi en Gironde, aîné d'une fratrie de 3 garçons. J'ai toujours su que je n'avais pas été un enfant programmé mais, qu'une fois là, le choix de me garder n'a pas fait l'ombre d'un doute. Mes parents s'étaient connus assez jeunes et je suis arrivé rapidement après leur rencontre. Ma mère a tout d'abord souhaité m'élever seule. Mon père ne l'entendait pas de la même oreille… Alors ils m'ont assumé, à deux.
L'un et l'autre avaient eu deux façons très différentes de se construire : ma mère venait d'un milieu urbain, issue d'une famille de 2 enfants. Elle avait fait les Beaux-Arts pour s'orienter ensuite vers la psychanalyse et en faire son métier.

Mon père, lui, était issu d'un milieu complètement différent : une éducation très traditionnelle dans une famille nombreuse, fratrie de sept enfants, reposant sur une éducation catholique où on inculquait un sens des valeurs très fort. Sur le papier, ces deux personnalités avaient tout pour se percuter dans une vie commune, appliquant chacune à leur façon et avec la certitude d'être dans le vrai, leurs principes d'éducation. Leur couple a été complexe, fait de tempêtes et d'accalmies, mais ils essayaient de tenir le cap au rythme de séparations et de retrouvailles. Au milieu de cela, mes frères et moi gardions l'équilibre comme nous le pouvions.

Mon père avait perdu le sien assez tôt.
Pas de père, pas de modèle…
Il nous a élevés mes frères et moi à l'intuition, la sienne.
À la maison, il y avait du mouvement. Des jeux, des cris, des rires, de la casse, des courses, de la bagarre… Et puis souvent, on payait les conneries : punitions, remontrances, hurlements. On avait trop déconné : l'addition était corsée, surtout quand mon père rentrait du boulot. Le climat qui régnait à la maison ne m'apparaissait pas plus anormal que ça… J'avais l'impression que tous les enfants recevaient une éducation comme la mienne avec une figure paternelle stricte et autoritaire, souvent violente et dont les décisions et les souhaits étaient non négociables. C'était une autre époque aussi : les claques volaient et ça ne choquait personne. Pour peu qu'un enfant paraisse plus turbulent que la moyenne, les coups en tout genre étaient justifiés, voire bien mérités.

Cette vie d'avant était beaucoup plus rustique : on jouait sans cesse avec le feu. Les enfants se prenaient des baffes et ça ne posait de problème à personne, mis à part sans doute ma mère. Nous jouions avec des haches, dehors, sans surveillance. Nous ne nous méfiions de personne. Nous étions totalement connectés au milieu dans lequel on évoluait. Cette éducation nous a donné de la force, de la conviction et de l'assurance. Nous sortions de l'enfance prêts à affronter le monde.
J'étais l'aîné, mon père a fait ses armes avec moi, sur moi.

Ainsi, au rythme d'une relation qui était le plus souvent redoutée, ma jeunesse et mon adolescence se sont forgées peu à peu dans l'ombre d'un père qui s'était mal construit, dans une atmosphère familiale où la sévérité régnait en maître. Avec la maturité d'un enfant, je gérais ses humeurs, les tumultes, les leçons, les corrections.
Étrangement, cette violence démesurée avait en fait assez peu de prise sur l'enfant que j'étais, car deux particularités me protégeaient envers et contre tout. La première : j'avais un seuil de douleur très éloigné de la normale, une résistance à la souffrance hors du commun. Ainsi, lorsque mon père perdait le contrôle, j'amortissais. Je voyais l'ivresse de la fureur dans ses yeux, une tempête qui ne se calmait pas, et je me demandais si, au fond, excédé par ma résistance, il ne cherchait pas tout simplement à me faire réagir, à me faire ressentir quelque chose. J'étais dans ces moments

quasi détaché de ma propre souffrance, un étranger dans un corps qui ne parlait pas. Le recours aux mains devenait une sorte de rituel, j'observais la scène depuis un coin reculé de mon corps. J'avais mal certes, mais proportionnellement à ce qui m'était infligé, j'encaissais sans trop de douleur.

La seconde : depuis ma jeune enfance, ma mémoire sélective efface arbitrairement nombre d'événements de ma vie quotidienne. Images d'enfance, vacances en famille, anniversaires joyeux ou encore hurlements de colère ou de souffrance… Les fondations qui permettent de se construire m'échappent, les événements ne s'inscrivent pas dans le temps, créant une distension du moment présent, puis un oubli de ce que je viens de vivre.

Ma mémoire choisit ce que je garde dans mon disque dur. Sur quels critères ?

Je n'en ai jamais rien su.

Aujourd'hui, je connais la réponse : SURVIVRE.

Ces deux particularités m'ont en quelque sorte sauvé, me permettant d'effacer des moments extraordinairement difficiles et m'offrant une porte de sortie pour m'extraire de la douleur.

De la même façon, cette analgésie congénitale qui m'a extrait de la souffrance, a détruit des moments merveilleux, me permettant sans doute d'échapper à la nostalgie du bonheur qui n'est plus. J'ai interprété cette particularité comme une force qui m'avait été donnée, une chance de ne pas voir de l'autre côté du miroir, l'ombre qui assombrissait mon enfance. Ce phénomène a été une voie de secours pour échapper au traumatisme qu'auraient dû notamment générer les traitements que m'infligeait mon père. Avec le temps, je ne sais pas si ce seuil de douleur anormal chez moi est un don ou une malédiction. C'était en tout cas un mystère que je ne m'expliquais pas.

En tant qu'aîné, j'ai plus encaissé, plus souffert, c'est comme ça. J'ai grandi face à un père rugueux, un guerrier sans cause, dont les colères incompréhensives s'exprimaient à travers un rapport disproportionné à la violence. Les repas à la maison étaient des moments classiques de règlement de compte. On savait que tout pouvait déraper, à n'importe quel moment… À travers la pression hors du commun qu'il exerçait sur ses fils, mon père n'en finissait pas de chercher mon point de rupture, en vain.

Pourtant, pas une fois je ne me suis senti un enfant maltraité… La colère et la violence de mon père étaient un lien, le seul à ce moment de ma vie, qui me prouvait que j'existais.

Avec le temps, j'ai transformé cette haine.

J'ai pris ma revanche : la violence de mon père m'a propulsé dans cette volonté de réussir. Jeune, j'ai juste manqué de patience. Je n'ai jamais cherché une sorte d'excellence, mais je me suis efforcé de passer partout, de survivre dans tous les territoires.

Face à lui, ma mère réagissait peu. Le silence est parfois la plus sincère des trahisons. Leur relation était compliquée, tumultueuse. La sévérité employée par mon père pour nous dresser ne se passait jamais sous l'œil attentif, mais volontairement aveugle, de ma mère. Étrange chorégraphie familiale où les coups pleuvaient dans les coulisses, hors de la scène principale. Elle-même ayant été sculptée dans cette argile de la rigueur, modelée selon des principes où la dureté flirtait avec l'amour. Et peut-être que la résistance farouche que j'opposais inlassablement à la discipline pouvait justifier, dans son esprit, les débordements de son mari. L'éducation était ferme, tranchante comme un fil de rasoir sur lequel nous avancions pieds nus. Cela lui permettait sans doute de ne pas l'être et d'entretenir des relations tout autres avec nous, comme si elle compensait par une douceur calculée la brutalité qu'elle tolérait en silence.

J'ai ainsi développé une admiration sans faille pour ma mère. Les panthéons de l'enfance ne s'encombrent pas de nuances. Elle était celle auprès de qui le quotidien s'apaisait et semblait chargé de sens, sorte d'oasis après la traversée du désert paternel.
Le soir, lorsque ses mains effaçaient sur mon front les

stigmates invisibles de la journée, j'ignorais que j'entrais dans un autre laboratoire, moins bruyant mais tout aussi expérimental.
Dans cette forêt d'émotions qu'est l'enfance, elle déambulait, carnet en main, herborisant mes réactions et cataloguant mes tempêtes, comme un jardinier qui contraint le bonsaï à grandir dans l'espace restreint d'un pot.
Nos conversations devenaient des séances informelles où mes confidences nourrissaient sa réflexion professionnelle. Je me livrais, pensant plus tard que j'étais catalogué, archivé, disséqué alors que c'était peut-être elle qu'elle cherchait à comprendre dans ce chaos affectif. Sa bibliothèque regorgeait d'ouvrages sur la psyché humaine et moi j'étais son chapitre en cours d'écriture.

Son métier de psychanalyste l'avait amenée peu à peu non seulement à une introspection personnelle, mais aussi à une fascination pour la façon dont la pensée pouvait être construite et manipulée. Enfant qui expérimentait la vie, je suis devenu, peu à peu, un objet d'expérience sur lequel elle vérifiait les hypothèses psychothérapeutiques qu'elle avançait tout en cherchant à saisir ce qui lui avait échappé. Elle testait des théories, cherchait les limites de ce que le cerveau et ma psychologie d'enfant puis d'adolescent étaient capables d'intégrer pour mieux en souligner les dérèglements.
Bizarrement, si j'ai idolâtré ma mère lorsque j'étais enfant,

vers 21 ans, j'ai réalisé que la relation que j'entretenais avec elle était tout simplement toxique : un Œdipe puissant qui prenait beaucoup trop de place, une emprise évidente qui m'enlevait une partie de ma jeunesse et une part d'insouciance à laquelle j'aurais dû avoir droit. Les adolescents ont besoin de vide pour se construire ; le mien était constamment rempli par son regard analytique.

J'ai pris mes distances et suis devenu en quelques années un électron libre, furieux, jouant avec le danger et les règles de la société.

Il y a une jouissance sauvage à faire voler en éclat les prédictions des autres.

Son poulain dévoué se révélait comme un animal trop longtemps domestiqué qui redécouvre la liberté avec une violence proportionnelle à son enfermement passé.

Ma mère a exercé sur moi une pression psychologique aussi violente que ce que mon père avait pu m'imposer physiquement.

J'ai fini par quitter la France, et en même temps, j'ai amorcé une véritable rupture avec ma mère, réalisant l'emprise psychologique dans laquelle elle me maintenait.

Après neuf mois, je suis rentré à Paris, pieds nus.

Je n'avais plus rien. J'ai commencé une école de cinéma et suis retombé inévitablement dans mes travers. J'ai vu le pire de ce que Paris pouvait proposer.

Ma mère est venue me voir, à bout d'arguments pour essayer de me remettre sur les rails. Ce fut la rupture.

Elle me rejeta.

Les psychanalystes n'aiment guère voir leurs théories démenties par la réalité, surtout quand cette réalité est de leur sang. Son désaveu fut à la hauteur de sa déception : silencieux mais absolu. Je devenais le cas d'école qui avait mal tourné, l'exception qui la contraignait à réviser sa méthode.

La part de ma vie passée dans l'illégalité m'a appris à analyser très vite le contexte dans lequel je me trouve. Je passais parfois un temps incroyable à regarder les gens à une terrasse de café pour apprendre à déceler le langage gestuel. J'étais décalé à tous les niveaux : à 18 ans, j'étais dans une réflexion permanente. Je lisais des thèses lacaniennes et freudiennes au lieu de boire des coups avec mes potes. J'étais dans la réalité et l'action et à la fois dans une forme d'analyse systématique des situations et des personnes que je rencontrais.

Aujourd'hui encore, je suis obligé de modérer ma relation avec ma mère, gardant certaines distances, non pas rancune mais par instinct de conservation. Malgré un respect et une admiration pour ce qu'elle a consacré à notre éducation face à un mari complexe et violent, cette femme des années 70, qui s'était révélée dans l'indépendance et l'excellence intellectuelle, qui voulait être entendue et qui a réussi cette performance, s'est retrouvée face à un mari dont elle partageait certes les valeurs mais non les agissements et les méthodes.

Pendant plus de quatorze ans au service de cet homme, elle a réussi à éduquer ses enfants et à s'élever dans son travail de psychothérapeute. Avec une compréhension de la vie et une vision extrêmement forte, sa philosophie est une puissance incroyable qui porte son indéniable charisme. Elle a su naviguer entre les écueils avec l'élégance des grands capitaines.
Les années ont passé et le temps, comme disait Marguerite Yourcenar, a taillé dans notre relation quelque chose qui ressemble à la paix. Cette paix n'est pas celle des lâches qui oublient mais celle des sages qui comprennent. J'ai appris à voir en elle non plus la mère expérimentatrice mais la femme contrainte par son époque et ses propres démons.

Depuis de longues années déjà, elle s'est aventurée dans le théâtre silencieux de sa mémoire, revisitant avec une acuité presque douloureuse ces années où, dans l'ombre discrète mais tenace d'un amour absolu, son regard épiait mes gestes, mes élans, mes écarts, mes failles – tout ce qui en moi débordait de la forme attendue. Elle observait, attentive et inquiète parfois, comme on lit un texte dont le sens vous échappe un peu. À travers moi, à travers mes hésitations, mes excès, elle devinait la mère qu'elle devenait. Car c'est cela, peut-être, le grand secret des mères : elles se construisent autant qu'elles nous élèvent. Elle tâtonnait, balançant sans cesse entre la rigueur qu'impose l'amour et la tendresse qu'il inspire. Dans cette oscillation, elle ne

me voyait pas toujours comme un enfant en devenir, mais comme le miroir trouble d'un moi fragmenté. Car c'est là le paradoxe de la maternité : en donnant naissance à un être, on affronte soudain, de manière brutale ou insidieuse, les spectres de ce que l'on a été, de ce que l'on a manqué, de ce que l'on aurait voulu être. Je devenais sans le savoir le spectacle de ses ambivalences, entre le surmoi qui exige et l'amour qui absout.
Mon existence l'obligeait à se confronter à l'image de la mère idéale et à la douloureuse reconnaissance de ses propres limites. Peut-être étais-je pour elle un interlocuteur inconscient dans ce dialogue intérieur qu'on appelle, faute de mieux, transmission.

En l'espace de ces quatre dernières années, elle a perdu tous les êtres qui représentaient sa vie : son père, sa mère, son ex-mari et deux de ses amis très proches.
La solitude s'est abattue sur sa vie. Submergée par ces disparitions, aucune théorie ne pouvait la protéger.
Son visage porte aujourd'hui les stigmates des batailles intérieures, ces rides qui racontent mieux que les mots l'histoire d'une vie. Je me surprends à la plaindre, cette femme qui fut à la fois victime et bourreau. La roue a tourné et celle qui décryptait les failles des autres, se retrouve face aux siennes, désarmée.
Unis par la douleur de la perte de nos proches, nos récentes discussions nous ont réconciliés et je comprends

aujourd'hui qu'elle aussi a cherché son point d'équilibre, une façon de tenir debout dans notre famille.

Après avoir passé des temps extrêmement douloureux, notre vie aujourd'hui est merveilleusement harmonieuse et apaisée. Si les moments que nous partageons en famille sont souvent teintés de mélancolie, ils ont la douceur des choses qui ont survécu au pire.

À la question « a-t-elle été une bonne mère ? », je n'ai pas de réponse simple à offrir mais je sais qu'elle a fait de moi l'homme qui aujourd'hui peut contempler son passé sans haine et son avenir sans crainte.
Qui peut avoir la chance d'en dire autant ?
Mais la famille ce n'est pas juste un père et une mère. Non la famille c'est aussi deux frères.
Mon frère Simon est l'une des personnes les plus importantes de ma vie, et dont je suis sans doute le plus proche, étant de dix-huit mois son aîné. Nous étions tous deux des enfants particulièrement difficiles, avec une énergie hors du commun. Deux chiens fous dans la cage familiale. Hyperactifs, endurcis à la douleur et déchaînés face à la discipline…
Au fil du temps, s'est développée en moi la sensation d'être une sorte de bloc, capable de tout supporter, de tout encaisser et que la souffrance n'arrivait pas à maintenir loin du danger. Non pas de la curiosité, mais une envie irrésistible

de flirter avec les limites, celles que l'on m'avait fixées et celle que mon corps m'imposait.
J'étais le frère aîné, je montrais l'exemple, le mauvais aussi, pour lui apprendre à contourner les écueils de cette société qui déjà nous pointait du doigt.
Simon suivait mes traces, encore plus enclin à tomber dans les failles des risques que nous traversions. Nous étions un binôme invincible, envers et contre tout. D'une enfance turbulente, nous avons doucement et sûrement avancé ensemble vers une adolescence violente et révoltée.

Cette éducation avait sans doute développé chez Simon et moi une forme de résistance : nous devenions exécrables dans la vie de tous les jours, cherchant sans cesse le contact frontal. La violence des gestes était devenue peu à peu une grammaire que nous utilisions ensemble au quotidien. On a joué avec les dangers, slalomé entre les sanctions, les règlements de compte et les explications musclées…
On prenait des risques, on était incontrôlables, redoutés, délinquants…
Personne ne pouvait prononcer un mot de travers devant mon frère sans être placardé dans l'instant. Nos hésitations se payaient comptant, et on prenait tout le monde de vitesse.

La vie que je traversais était ainsi : incroyablement violente et douloureuse. Et je n'étais pas prudent. Avec Simon,

Une envie
irrésistible de
fleurter avec
les limites.

Simon était fou,
moi j'étais

UX. DANGEREUX. DA

nous étions deux animaux enragés lâchés dans la nature, construits dans une brutalité à fleur de peau, n'acceptant de quiconque ni reproche ni contrainte. Personne ne se mettait sur notre chemin.
Simon était fou, moi j'étais dangereux.
Il marchait à la pulsion. Je marchais à la méthode.

Ensemble, nous avons fait tous les mauvais choix : nous étions sans limites, constamment hors-piste. Nous nous sentions incassables et possédions une conscience aiguisée de jouer chaque jour avec le feu. La guerre que nous menions bâtissait en nous une certitude : celle de n'avoir aucune espérance de vie au-delà de 20 ans…

J'avais 15 ans.
Je n'avais pas de temps à perdre.

07.

07.

LA GUERRE DES TRANCHÉES

La vie nous avait attribué un rôle : on n'allait pas la décevoir.

Lorsque j'ai 17 ans, c'est le coup de trop. Je suis un homme et plus un enfant. Encaisser est une chose, mais voir son frère cadet se faire maltraiter en est une autre.

Alors que mon père et Simon ont une violente altercation, ça va trop loin : je prends la décision majeure de m'opposer physiquement à mon père, d'homme à homme !

C'est terminé, je ne le laisserai plus nous battre, encore moins s'il s'en prend à mon frère.

Ma mère s'interpose et évite le drame de l'enfant déchaîné qui allait commettre l'irréparable.
La suite n'est pas belle non plus, puisque je décide de fuir le domicile familial. Virage crucial dans ma vie…
Fugitif, je vis dehors, je plonge dans une délinquance assumée, je prends tous les risques et clôture ce chapitre à 20 ans par un passage en détention. Je ne parle plus. Je suis un animal qui grogne, on ne peut pas me dire un mot… Mon regard sur le monde est fracassé : je suis dur comme de la caillasse et personne ne peut se mettre en travers de ma route. Loin de m'effrayer, la prison m'avait appris tous les pièges. J'avais déjà pris tous les coups. Il ne pouvait plus rien m'arriver. J'étais déjà brisé.

À 20 ans, après un anniversaire en détention, je m'étonnais d'être toujours en vie. Comment étais-je passé à travers ? Après la prison, les cinq années qui suivirent me condamnaient à rester sur le territoire français en liberté conditionnelle.
D'abord avec un bracelet électronique pendant 1 an puis une obligation de pointer au commissariat 2 fois par semaine avec un suivi psychologique imposé.
À cette sortie, je comprenais pleinement ce que signifiait le mot liberté, même si le territoire paraissait trop juste pour mes envies d'ailleurs.
Mais que peut-on faire quand on sort de détention à 20 ans ? Bien évidemment personne ne vous fait confiance,

vous faites peur à tout le monde, votre Curriculum Vitae est une page blanche.
J'avais passé mon existence à tout détruire pour survivre.
Je devais à présent apprendre à tout reconstruire pour avoir une chance de m'en sortir. Pas d'autre choix que de trouver une idée et de monter quelque chose pour trouver de l'argent d'urgence et me donner une chance de ne pas céder à mes démons…
Je remonte mes manches, je fais ce que je peux : l'idée est d'entrer définitivement dans la légalité.

Je vais ainsi développer une petite entreprise dans le bâtiment, qui a été mon premier boulot quand toutes les écoles de France m'ont repoussé. Peu à peu, je réussis à trouver une sorte d'adrénaline à faire quelque chose de mon existence. La vie reprend doucement son rythme.
J'arrive tant bien que mal à m'y plier. Je sens que ça peut marcher, en tout cas j'en ai envie.

Bien qu'ayant l'impression d'avoir déjà vécu mille vies, je veux aller au-delà de l'homme traqué que j'étais devenu.
Je veux décélérer, comprendre qui je suis, comment je suis construit pour continuer ma route autrement qu'avec un flingue braqué sur la tempe.
Durant les cinq années qui suivirent, j'ai œuvré pour développer plusieurs entreprises, atteignant quelques millions de chiffre d'affaires.

J'avais passé
mon existence à
tout détruire
pour

VRE. SURVIVRE. SU

En tant qu'entrepreneur, j'ai appris à découvrir le système sous un nouvel œil. Finalement, à mon compte, pensant être libre dans cette réalisation professionnelle fructueuse, j'ai compris que j'étais devenu mon propre esclave dans une prison fabriquée de mes mains.

Aussi, quand l'exploration arrive dans ma vie, je capte immédiatement que c'est une opportunité pour moi de devenir quelqu'un d'autre tout en respectant ma nature profonde. Comme une suite logique, légale, qui se compose de toute la nourriture dont j'ai besoin pour me canaliser : l'entrepreneuriat que je découvrais depuis peu et à qui je devais mon salut, le sport qui m'avait canalisé pendant des années, le danger qui était mon terrain d'expression, le dépassement de soi, l'adrénaline et la mort avec qui je jouais à cache-cache et que je défiais déjà depuis toujours…
C'était fou : l'exploration cochait toutes les cases.
Et elle devint ma nouvelle drogue.

08.

08.

ENTRE L'ILLÉGALITÉ ET L'EXPLORATION, JE N'AI PAS CHANGÉ DE CAGOULE

Un virage.
Ma vie prend à cette époque une nouvelle voie, une certaine forme de rédemption. Je regarde le monde en me disant que sans doute je n'ai pas pris le temps d'être insou-

ciant, léger, heureux. À bien y réfléchir, j'ai le sentiment de n'avoir jamais été un enfant.

J'avais décidé consciemment de quitter l'écosystème violent et sauvage dans lequel j'évoluais depuis plusieurs années. Rédemption ou prise de conscience, quand mes démons m'appellent, dorénavant j'esquive. Je me domine mieux, je connais les dangers et j'en connais le prix.
Avec l'expérience, je sais scanner les situations : en quelques secondes, je saisis le moment où ça va dégénérer. Et ce dont je suis convaincu, c'est que si je m'engage dans la bagarre, jamais je ne perds le combat.
Alors pour éviter de prendre le risque de retomber à nouveau dans les travers de ma personnalité, moi qui depuis toujours ai été construit pour faire face, je quitte la scène. Terminé la bagarre.

Avec l'exploration et le monde sauvage, je trouve pour la première fois une alternative à toute cette violence. Une manière de m'exprimer autrement sur un terrain tout aussi brutal. J'ai la conviction, controversée par mes proches, que l'on peut changer, qu'un jour on peut décider de ne plus emprunter les chemins qui nous ont exposés au chaos.

À 27 ans, j'ai construit une famille, je vais avoir un enfant. J'aspire tout simplement à autre chose. Il existe un âge où l'on cesse de camper sur la rancœur pour bâtir sur le pardon. J'ai pris le temps depuis quelques années de renouer avec mon père, pour transformer le lien exécrable qui nous unissait et changer la donne : l'homme contre qui je m'étais rebellé et qui m'avait considéré comme un animal sauvage allait devenir le père que j'attendais… Je voulais défricher la jungle de nos malentendus, arracher les lianes des non-dits et planter dans cette terre brûlée les semences d'une relation nouvelle.

La détention fut l'antichambre de notre renaissance. Un lieu d'enfermement où, paradoxalement, l'âme trouve de l'espace. Là, dans le silence carcéral où règne le bruit de mes pensées, j'ai compris que les murs n'étaient pas ceux de la prison, mais ceux que j'avais dressés en moi : rancunes séculaires, colère entretenue comme une relique. C'est là, dans cet espace clos où l'infini devient pourtant possible, que mon père a choisi de venir me voir. Le parloir ; une scène tragique, deux chaises, un regard. Il est venu le visage figé par l'attente, par ce qu'il n'avait sans doute jamais su dire. Et moi en face, démuni de colère mais lesté par cette pesanteur qu'on appelle mémoire. Celle-ci, comme une ironie du sort, ne m'avait jamais fait défaut à son sujet. Je lui ai pardonné.

Non pas comme on accorde une faveur. Pas comme un juge acquitte, mais comme un homme décide de ne plus rester l'esclave de sa propre fureur. J'ai compris que la colère et la rancune sont des armes qui se retournent contre soi. J'ai saisi aussi que certaines guerres ne sont menées que pour justifier la solitude qu'on s'impose. Pendant longtemps, j'avais vécu retranché dans ma citadelle, pensant me protéger. J'en avais maçonné les pierres avec des humiliations, des colères, des silences, des non-dits devenus des murs. Certains hommes construisent des forteresses contre le monde : j'en avais bâti une contre mon père. Ce jour-là, au parloir, j'ai décidé de tout démolir.

Parce que garder une famille, c'est un luxe inestimable et qu'elle ne se méprise pas, elle se préserve. Pardonner n'est pas excuser bien sûr, mais c'est refuser de continuer à se perdre dans le ressassement. C'est un acte de conquête, une victoire sur soi.

Je ne voulais pas rester bloqué dans la résistance. Je souhaitais avancer, prendre ce que la vie m'offrait malgré les épines, les angles morts.
Il était temps.
On ne construit rien sur un champ de ruines si l'on n'y plante pas quelque chose…
Le fait que je baisse ma garde le surprit. Les vieux loups s'attendent rarement à ce que les jeunes déposent les armes en premier. J'ai lu dans ses yeux l'étonnement de celui qui se prépare au combat et qui découvre que l'adversaire lui tend la main. Ce fut le premier pont jeté entre nos îles séparées.

Dans mon ascension entrepreneuriale, quelques années plus tard, j'ai convaincu mon père de venir travailler avec moi en lui offrant un salaire confortable. Étrange ironie que de proposer à celui qui vous a construit et déconstruit de participer à vos propres chantiers.
Quelques mois plus tard, alors que je m'apprête à partir en Asie, je lui propose de venir m'y retrouver. Lui qui n'a pas pris de vol long-courrier depuis plus de vingt ans m'y retrouve et je le vois arriver au Cambodge à moto taxi, casque de travers et chemise froissée, clope au bec après plusieurs heures de vol.

Nous traversons avec nos motos le Cambodge, le Laos, la poussière rouge des pistes, les rizières miroitantes, les temples envahis par la végétation, témoins majestueux de notre réconciliation… Nous créons une nouvelle forme d'amitié autour d'un lien qui semblait pourtant n'avoir jamais existé.
Nos discussions ouvrent les portes de la vérité, me laissant découvrir l'homme qu'il a été. Pas un instant le passé douloureux n'est évoqué.
Il est tellement incroyable de découvrir son père à 27 ans !

À son retour, mon père décide d'arrêter de travailler et de vivre sa vie, enfin ! Le vieux loup de mer qui avait une passion pour la voile, la mer, les vents et qui m'avait transmis la passion des vagues décide de vendre son appartement pour s'acheter un bateau… Il y a dans cette décision quelque chose qui relève d'une forme d'urgence, comme si une horloge invisible précipitait soudain le tempo.

Il s'est mis en tête de faire un tour du monde. Il a 63 ans. Comme chacun de nous dans la famille, quand une décision nous assaille, on ne la lâche pas.

Nous choisissons de partir avec lui du Cap-Ferret vers l'Espagne. Toutes les personnes de la famille se succèdent au rythme des escales pour naviguer avec lui : mes frères, la mère de mes enfants, mes filles…
Je fais le choix de rester avec lui tout du long et nous nous retrouvons seuls, tous les deux, en Galice. La mer déploie sous notre coque son grand parchemin bleu et nous y écrivons ensemble les premiers chapitres d'une histoire trop longtemps différée.

J'ai du temps et mon agenda me permet de continuer l'aventure.
Nous descendons les côtes espagnoles, puis portugaises, nous traversons le détroit de Gibraltar et arrivons aux Canaries. Ici commence l'incroyable relation que je vais partager avec lui jusqu'à la fin de sa vie construite autour de la navigation.
Peu de temps plus tard, mes obligations professionnelles m'imposent de rentrer en France alors même qu'il me

confie vouloir rester sur place, découvrir les îles et s'organiser pour une traversée transatlantique.

« Si un jour tu prends la mer, tu m'appelles et je ferai la traversée avec toi ».
Cette promesse faite à mon père est venue sceller notre amour l'un pour l'autre et marquer à jamais ce qui fut le lien indéfectible que nous avons su construire in extremis.
Plus de six mois se sont écoulés avant que mon retour ne se fasse annoncer.
Après avoir navigué et exploré les paysages jusqu'au Cap Vert, son appel intervient dans ma vie comme un coup de semonce : je pars le rejoindre.
Lui, sur son vieux bateau mal équipé dans un port qui a tout d'un coupe-gorge, et qui m'attend comme si tout semblait normal.
Je ne le sais pas encore, mais je m'apprête à sceller mon destin au sien.

Ici commence cette incroyable traversée de quatorze jours entre l'océan, mon père et moi. Quatorze jours à naviguer pour avancer ensemble, pour dénouer nos conflits, épurer nos rancunes et nos déceptions. Quatorze jours que j'immortalise dans mon premier livre.
La mer est salvatrice et purifie les cœurs de pierre. Chaque vague emportait des bribes de notre passé tumultueux…
Entre les quarts de nuit éprouvants et une houle qui s'abat

sur le bateau, tellement épaisse que le pont disparaît dans la nuit. Le temps s'est quasiment arrêté.
J'assiste à des scènes irréelles où le plancher du bateau est soulevé par une voie d'eau, une autre où mon père me dit : « Attrape un seau et écope, sinon… Nous allons couler ! »
Je dois peut-être mon sang-froid à cet homme. Il n'était pas de ceux qui criaient, qui s'agitaient pour faire transpirer une quelconque peur. Non, même dans la torpeur, il agissait en silence et dans le calme.
Cette aventure m'a aussi permis de comprendre qui il était. Pour nous deux, elle arrivait au bon moment, ce moment qui n'arrive qu'une fois peut-être entre un père et son fils. Un moment hors du temps, où nous réussissons à nous parler comme jamais nous ne l'avions fait, comme deux humains qui se rendent enfin accessibles l'un à l'autre, qui baissent les armes, enfin.
Sans armure, sans fierté, sans méchanceté.

Nous avions tous deux besoin de nous délester de nos douleurs. Je ne savais pas précisément comment lui était venue cette irrésistible envie de partir si loin, à bord d'un voilier si vétuste et de vivre une aventure aussi puissante… Je savais au fond de moi qu'il ne disait pas tout et qu'il cachait sans doute une révélation qui ne présageait rien de bon… Mais je respectais son silence, dernier rempart quand la vie vous échappe.
Cette traversée fut un véritable cadeau : celui de réaliser

à quel point il est difficile pour certains de parler, de se confier, de se dire que l'on s'aime.
J'ai eu la chance de l'entendre prononcer les mots que j'attendais depuis toujours.

« Tu es un homme, tu un bon fils et tu es un bon père, je n'ai plus rien à t'apprendre. Je t'aime ».

Quelques mots, secs et mal tournés mais qui prenaient toute la force d'une déclaration et d'un aveu.
Il y a une pudeur des hommes forts que l'on ne doit pas violer, même par amour.

Le retour fut une déchirure. Je devais me redresser et trouver désormais ma route.
L'exploration m'offrit la chance d'une nouvelle trajectoire dans laquelle je n'avais plus à céder à mes fantômes. Certes, ceux-là ne m'ont pas quitté, mais je sais à présent faire en sorte qu'ils restent tapis dans l'ombre…

Je changeais de monde.
J'entrais dans un univers qui m'était totalement étranger.
Je prenais des contacts, je rencontrais des experts, je travaillais à construire, moi qui avais passé ma vie à démolir tout ce qui se trouvait sur mon passage.
Je devenais très vite quelqu'un d'autre. Le nouveau fils que j'étais apparaissait sous un jour nouveau, prêt à défier la

Il y a une
pudeur des hommes
forts que l'on
ne doit pas violer,
même par

OUR. AMOUR. AM

force des éléments pour s'affirmer encore plus fort.
Le concept qui guide ma vie, c'est de réussir à naviguer à travers plusieurs réalités, de m'intégrer pleinement dans des mondes différents, les uns après les autres. J'ai toujours adopté la mentalité d'un caméléon, celui qui s'adapte, teste, expérimente et explore sans relâche ce que la vie lui lance. Je jongle sans cesse d'une vérité à une autre, et chaque décision doit être prise en une fraction de seconde. Une seconde pour capter la situation, une autre pour réagir. Et souvent, c'est déjà trop tard.
Ce qui m'intéresse, c'est le vif du sujet. Je suis passé de gamin à voyou, puis à sportif, et ensuite au type qui s'est détruit en soirées, avant de devenir entrepreneur et, plus tard, père de famille et explorateur. Je n'ai jamais rien fait à moitié. J'ai vécu chaque étape avec une intensité folle, parfois en m'éclatant, parfois en me plantant royalement. Mais quoi qu'il arrive, chaque expérience m'a forgé. Mon parcours n'a été qu'une succession d'aventures vécues à fond, à 200 %, qui m'ont aussi bien cabossé qu'elles m'ont permis de me construire.
Je n'ai jamais eu peur de me lancer, de faire des erreurs, de prendre des risques, de me tromper et même d'échouer. Les refus, les centaines de portes fermées, les impasses dans lesquelles je me suis aventuré les yeux bandés… Tout ça m'a nourri. Chaque échec a été un carburant pour mon fantasme de la réussite, un pas de plus vers l'accomplissement personnel. Parce qu'au fond, il n'y a pas de vraie

réussite sans une série d'échecs qui t'apprennent à te relever encore plus fort.

J'avais besoin de savoir ce pour quoi j'étais fait : chaque expérience, même ratée, m'a appris qu'une chose était faite pour moi, ou ne l'était pas…
Mes premières expéditions avaient été menées dans l'inconscience face au danger, sans sécurité, sans préparation, sans âme… J'avais expérimenté le froid glacial à – 60 degrés et les brûlures destructrices du soleil à + 60 degrés. J'étais passé par le pire, j'avais risqué cent fois ma vie, j'étais ressuscité des morts… J'étais toujours là, increvable.

Toute ma vie je n'ai eu qu'un principe : vas-y ! Et accorde-toi une chance de tout faire et de tout apprendre.

Avec Arctic Mission, j'allais à présent me confronter à une autre forme de danger, qui ne venait pas de moi et qui me mettait dans une position où il n'était plus possible de se battre physiquement avec les mêmes armes.
J'allais bientôt être face au froid glacial, aux ours, aux tempêtes de vent, à la banquise qui craque, à l'immensité. Rien que je puisse affronter avec les armes dont je disposais… Les règles n'étaient plus les mêmes.
C'était le bon moment car à 35 ans, sortir du quotidien était pour moi un instinct de survie. Je ne tenais pas en

place et j'avais toutes les difficultés du monde à évoluer dans le microcosme social, ses injonctions, ses mièvreries. Face à ce nouveau défi, à l'immensité, j'allais devoir une nouvelle fois faire mes preuves, me regarder dans un miroir pour répondre à des questions existentielles pour mieux comprendre la course dans laquelle je vivais depuis mon enfance.

Ce que j'aime le plus dans les expéditions ? Entrer dans la réalité dans laquelle je me sens le plus à l'aise, c'est-à-dire seul, face à moi-même, face à mon introspection, face à mes démons… Là où il n'y a pas d'échappatoire.
C'était le moment de me confronter à la puissance du monde et surtout, d'être heureux.

09.

ARCTIC MISSION, L'ÉPOPÉE

N 09. AR

L'exploration pèse lourd en organisation. L'équipe est là, solide, soudée.

La logistique est inimaginable. Nous devons tout préparer pour que les bagages soient acceptés par les douanes, tous dépassant les limites de poids et les normes de format… Cela fait presque treize mois que nous travaillons comme des fous pour ciseler Arctic Mission. Nous dormons de moins en moins. Mes entraînements deviennent de plus en plus durs, intenses : 25 à 45 heures d'entraînement par semaine à faire des squats, portant des charges écrasantes de 170 kg pour me préparer au poids de ma pulka. Le but, c'est de tirer, traîner, se faire tracter.

Alors je choisis de partir m'entraîner au kite, d'abord au Maroc, puis en Norvège. J'apprends inlassablement à gérer mon matériel, à créer des automatismes.
Le reste du temps, je m'inflige de la course à pied – courses en montagne –, des trails, de la musculation, du renforcement musculaire et des séances de crossfit. J'organise ma préparation en fonction de mon objectif.
J'ai pris 12 kilos avant de partir, répartis entre le muscle et le gras qui vont me servir de réserve dans le grand froid. En expédition je vais consommer entre 8 000 et 10 000 calories par jour. Dans le froid, le corps ne cesse de brûler des calories : pour avancer, pour dormir, pour manger, pour digérer, pour lutter contre la température…
Mon nutritionniste m'informe qu'après plus de 50 jours sur la banquise face à des températures extrêmes, je vais commencer à consommer ma masse musculaire et que l'importance de faire des réserves avant de partir est tout aussi millimétrée que de devoir s'arrêter au ravitaillement le plus souvent possible pour faire « du gras ».
Sans quoi l'aventure s'arrêtera.
Je le sais, je l'ai déjà vécu à mes débuts.
Chaque jour nous avançons vers ce qui sera bientôt la réalité de l'expédition. Arctic Mission nous hante, une sorte de Tetris® géant dans lequel nous prévoyons tous les pièges

et nous avançons à pas comptés.
Mais il y a une variante qui s'impose, une forme de destin qui vient prendre sa place : mon père est malade, condamné.
Un cancer et pas d'issue.
Pire encore : peu de temps…
Tout est prêt pour un départ quasi imminent…
Alors je fais quoi ?

Mon frère Simon vit avec mon père au Cap-Ferret depuis un moment déjà, et assume au quotidien sa maladie depuis qu'il a stoppé son tour du monde en bateau.
Il est de retour dans cette région où nous avions bâti sa maison, là où il a passé un bout de sa vie et où mon frère a décidé de vivre.
Ensemble, il est convenu que mon père soit logé chez mon frère, pour plus d'assistance et de soutien.
Simon a toujours été une personne centrale dans la vie de notre père, il l'a souvent accompagné, a vécu avec lui où qu'il soit. Ils ont tissé au fil des années ce que j'ai mis beaucoup plus de temps à relier, à refabriquer. Un vrai lien entre un père et son fils.

Alex, le cadet de la famille, est à Paris et moi, j'habite Biarritz depuis déjà plusieurs années. Je ne peux pas partir et prendre le risque de ne pas le revoir. Je sais aussi que mentalement, la préparation de cette expédition m'a placé dans une tension que je vais avoir beaucoup de mal à contenir. Je me suis projeté dans la solitude qui m'attend dans l'immensité, le *reset* incroyable qu'offre le monde sauvage et hostile. J'ai tout encaissé jusque-là car je sais que bientôt cette porte s'ouvre pour tout nettoyer… Face à la réalité de la mort, je suis incapable de prendre une décision. C'est dur, très dur. Je suis immensément triste, éperdument malheureux.

Pour la première fois de ma vie, je suis incapable de décider de quoi que ce soit…
Nous décidons de nous réunir avec mes frères, ma mère et mon père aussi. Muet, je ne dis rien. J'attends comme une forme de verdict souverain de ma famille. Il n'y a ni bon ni mauvais choix… De toute façon ça va être terrible. La tension est là, palpable. Les jours passent alors que nous avons tous décidé de prendre un temps de réflexion.
De mon côté le temps est insoutenable, à la fois long et court.
Je n'arrive pas à canaliser la tension accumulée, la frustration, la peur et le chagrin inouïs que j'ai à voir mon père avancer inéluctablement vers la mort. Je m'en veux de lui demander de m'aider à ce moment-là de sa vie. J'ai bien compris que je suis en train de lui demander à mi-mots « Combien de temps il te reste ? »…
Le tic-tac infernal et la chape de plomb que représente ma responsabilité dans ce départ… Tout me vient à l'es-

prit : est-ce que je le condamne en partant ? Est-ce que je l'oblige à tenir ? Comment je l'aide à distance ? Comment je reste près de lui en étant loin ? Ma tête explose et tout en la cherchant, je sais qu'il n'y a pas de bonne solution.
Tout le monde aussi comprend que si je ne pars pas, avec la pression de cette expédition qui se cristallise depuis plus d'un an, je peux péter les plombs et partir en vrille.
Tout le monde le sait.
Tout le monde le craint.
Personne n'en parle.
Ils me connaissent, ils savent comment je réagis lorsque je me sens acculé…
Je suis capable de tout, dans une pulsion animale totalement incontrôlable… Je me déteste d'accepter le risque de ne plus le revoir, de devenir le centre des préoccupations du moment alors même que la vie de mon père s'échappe au milieu de notre bonheur.

Toute mon énergie s'est déployée pour mon départ, et le destin me cueille au passage pour me mettre mes responsabilités en pleine face, faisant ce qu'il y a de pire pour une personne comme moi que peu de choses effraient : faire payer l'addition à l'autre. Cette fois-ci, la vie me demandait de choisir entre ma douleur et la sienne. Cet homme que j'aimais aujourd'hui autant que je l'avais craint était au centre d'un choix cornélien.
Personne n'ose se prononcer. Personne ne veut miser sur

Je suis capable de tout, dans une pulsion animale totalement

RÔ- INCONTRÔ- INC

LABLE.

ma mort et le piège qu'elle nous tend…
Patriarche jusqu'au dernier souffle, c'est mon père qui tranche : « Vas-y mon fils, pars, je t'attends de pied ferme ». Le padre avait tranché et toute la famille s'est mise dans l'impulsion de sa décision.
C'est véritablement à ce moment-là que se déclenche Arctic Mission. Il n'y a pas une seconde à perdre. Il faut partir, réussir, et revenir.
Vite, le compteur tourne.

10.

LE SAUT DANS LE VIDE

Aujourd'hui, je ne fais confiance à personne.
C'en est maladif…
J'ai encaissé des mensonges, des trahisons, des coups bas, des violences… Non que je n'aie de respect pour personne, mais je n'attends rien des autres. Ainsi je ne suis jamais déçu.
Je vis continuellement dans une forme de paranoïa, personne ne m'a donné sans jamais rien attendre en retour.
Nous sommes en novembre 2022.
Dans deux mois, je pars pour quatre-vingt-dix jours

d'expédition. Cela fait des dizaines de semaines que je prépare tout avec mon équipe, que j'ai le cerveau totalement happé par tout ce que la nature va imaginer pour se mettre en travers de mon chemin.
Et mon père, lui, vit chaque souffle comme un sursis.

À cette époque, tandis que je m'endurcis sous le joug des entraînements quotidiens, je me livre à l'exercice éprouvant de la promotion de mon premier livre « Horizons extrêmes » qui vient de paraître. Chronique brute de six expéditions aux quatre coins du monde, là où la civilisation s'effiloche et où l'homme doit conquérir à nouveau sa place.
Mike Horn, ce centaure moderne mi-homme mi-tempête, a accepté de signer la préface de mon livre.
Le succès est immédiat !
Je me prête au jeu médiatique avec sincérité. J'enregistre des interviews, je participe à des podcasts et je raconte à des journalistes qui n'ont jamais connu d'autre hostilité que celle d'une deadline, ce moment complètement déconnecté où, sur la ligne de départ, j'apprends la mort annoncée de mon père. Étrange moment où deux abîmes se contemplent : celui d'une aventure à venir et celui du deuil programmé.

Parmi ces confessions, il y a cette interview sur Brut, média digital où les grands drames humains se digèrent en une minute. J'y dévoile un acte de contrition : comment, lors de la sortie de mon premier livre, j'avais trouvé le sauf-conduit pour me réconcilier avec mon père. Après des années de combats fratricides où nos ego s'entrechoquaient comme des plaques tectoniques, je lui avais dédié une lettre, glissée dans chaque ouvrage. Offrande publique et intime à la fois. C'était ma façon de transmuter les douleurs anciennes en acte d'amour, de dresser un monument tangible aux ruines de notre relation.

Les hommes de ma trempe ne pleurent pas : ils écrivent.

Je relaie des bribes de cette confession sur mes réseaux sociaux, ces tribunes modernes où l'on s'expose sans absolution. Quelques heures après, parmi les « like » de ma story, je lis : « Jérémie Renier a commencé à vous suivre… » L'information me percute.
Je connais ce nom… Je suis assez fan de cinéma, et bien évidemment ça me parle…
À cet instant, c'est le gamin en moi qui s'émerveille, celui qui feuilletait les magazines culturels où l'on voit les stars fouler le tapis rouge à Cannes. J'ai l'impression que deux mondes se télescopent tout à coup, celui de l'expérience brutale de l'extrême et le monde du 7e art.
Je lui réponds, avec la pudeur des hommes d'action… « Très respectueux et admiratif de votre travail ». La formule est sobre, presque militaire. Il me renvoie la politesse,

Les hommes de ma trempe ne pleurent pas : ils

ENT. ÉCRIVENT. ÉC

et il me répond : « Je vous retourne le compliment… ».
L'échange aurait pu s'arrêter là, courtoisie digitale entre deux hommes qui ne se croiseront jamais.
Mais je pousse plus loin. Je lui demande son adresse pour lui faire parvenir mon livre. Il accepte. Je reçois une adresse à l'étranger et j'y vois comme une forme de distance. Comme s'il me donnait une adresse qui n'était pas la sienne. Une ruse de star peut-être…
Je le lui expédie, comme on lance une bouteille à la mer.

À partir de ce moment, quelque chose se crée.
Il découvre la lettre à mon père, celle qui dormait entre les pages comme un testament.
À son tour, il me demande mon adresse, et m'envoie un mail, immense, où il déverse le drame qui a fait imploser sa vie : la perte de son meilleur ami. Une blessure dont il ne s'est jamais remis, plaie béante qui refuse de cicatriser. Il m'avoue sans pudeur avoir déserté les plateaux de cinéma depuis un an sans que personne ne s'en aperçoive vraiment – les films continuent de sortir comme des fantômes de sa vie d'avant.
L'acteur a disparu.
Ne reste que l'homme brisé.
Dans son désarroi, il a tout tranché dans sa vie avec la même violence : retraite dans les Pyrénées, séjours chez les moines, vœux de silence – tentatives désespérées pour faire taire le vacarme de la douleur. Il veut arrêter défini-

tivement le cinéma, cette illusion qui ne le nourrit plus. Il vide son sac, n'a plus goût à rien. Son ami est mort il y a quelques mois, ses émotions l'ont envahi, anéanti jusqu'à le noyer dans la tristesse. Une peine abyssale impossible dont il n'arrive pas à s'extraire…

Dans cette correspondance inattendue, je devine que nos solitudes se reconnaissent, que nos abîmes respectifs se font écho. Lui dans les profondeurs du deuil, moi sur les hauteurs glacées de mes défis – deux façons différentes de regarder la mort en face.

De mon côté je suis ébahi, devant cette sincérité, devant cette confiance, devant cette humanité jaillissante.
Je découvre un message aux antipodes de ce que je pouvais imaginer. Il se livre avec une facilité déconcertante, sans pudeur, avec des mots forts, puissants…
Pour moi, c'est une flèche droit dans le cœur.
Je veux lui répondre mais je n'y arrive pas… Depuis des lustres, mon monde s'est transformé en pierre et je tiens tête à mes émotions sans jamais me laisser emporter ni même essayer de comprendre. Impossible de mettre sur papier ce que je ressens, lui confier que tout ce qu'il me livre dans son mail fait écho et me bouleverse parce que je suis justement en train de perdre mon père, d'avancer sur ce terrain qui le martyrise depuis plusieurs mois.
Au-delà de cette incapacité à poser ma douleur sur le

papier, je suis figé par son statut, je n'ose pas m'adresser à lui aussi simplement…

Et s'il y voyait une façon mal venue et indécente de l'approcher ?

Je n'ai pas l'habitude.

Il est acteur, réalisateur, star de cinéma et moi, Loury Lag, un taulard devenu aventurier-explorateur à la veille de sa plus grande expédition et de la mort de son père… Je ne sais pas quoi répondre, comment répondre…

J'hésite et je lui dis juste que j'aimerais bien le rencontrer.

Le temps passe, une semaine s'évapore, puis une autre, et une autre encore.

Les jours s'égrènent dans ce purgatoire des agendas qui ne s'accordent jamais. Nous ne parvenons pas à nous voir, mais nos mots eux se croisent, s'échangent et nous nous livrons à distance.

Et puis un jour, comme une éclaircie inespérée dans la tempête, ce message laconique : « Je suis à Paris ».

Je lui réponds avec cette même économie de mots : « Moi aussi ».

Il me fixe rendez-vous dans un petit café niché sur les hauteurs de Montmartre.

Je suis à la fois excité, impressionné, décidé à le rencontrer.

Quand je passe la porte, il est accompagné de plusieurs personnes dont certaines qui me semblent familières.

Des personnalités connues. Le temps passe avant que nous nous retrouvions seuls, Jérémie et moi, tous les deux, pour la première fois, face à face dans ce no man's land, dans notre réalité…

Nous sentons avec intuition à quel point nous sommes contents, heureux, presque soulagés de nous rencontrer enfin.
Nous nous installons comme deux négociateurs de paix et la conversation démarre, fleuve qui trouve naturellement son lit. Jérémie me confie, avec sa simplicité désarmante, que c'est l'anniversaire de cet ami qu'il a perdu. Et c'est précisément aujourd'hui qu'il me rencontre moi, l'inconnu qui parle de son père mourant dans un livre. La vie nous connecte avec cette ironie cruelle et magnifique qui est sa signature. Signe du destin, synchronicité cosmique ou simple hasard statistique, qu'importe – les hommes comme nous ne cherchent pas à décrypter les mystères, ils les acceptent.

Nous parlons de ce que l'on veut, laissant la liberté de nos propos prendre la main. Il me parle de son enfance, territoire originel où tout s'est joué, de sa carrière, de ses relations humaines, cartographie intime de son existence, de sa famille, de ses enfants. Toujours avec une simplicité totalement inconcevable pour moi, comme si nous étions deux vieux amis qui se retrouvaient après des années d'errance. Jérémie est magnétique. Il a un charisme brut peu commun qui m'inspire instantanément « confiance », sensation rare dans ma vie…

Je suis immédiatement tenté de lui offrir la même sincérité que celle dont il me fait cadeau, mais cette pulsion se heurte au mur de ma nature profonde. J'ai été élevé dans la conscience permanente du risque, dans la mise en garde permanente, dressé à flairer le danger, à rester en alerte permanente… Je suis distant, je ne laisse pas les émotions m'envahir, je ne pleure quasiment jamais, je contrôle tout.

Pourtant, Jérémie ne ressemble à rien ni personne que j'ai croisé dans mon écosystème, un phénomène inexplicable dans mon existence, comme un mirage polaire… J'avais toujours évolué dans un univers où la difficulté était la seule constante. Je n'avais côtoyé que des loups affamés.
Face à Jérémie, je suis complètement déboussolé. Sa gentillesse désintéressée me déstabilise ; je découvre un spécimen, hors code pour moi. Je n'ai jamais envisagé jusque-là que la gentillesse et la sincérité puissent constituer une forme de pouvoir, une force tranquille plus redoutable que l'agressivité et la violence… Je ne comprends tellement pas ce spécimen humain que mes alarmes intérieures s'affolent, je vois des pièges partout.
Où est la ruse, le stratagème, la machination ?
À quel moment cette douceur va-t-elle se retourner contre

moi comme un couteau dans le dos ? Jérémie est incroyablement sympa, attachant, sincère, généreux… Mon cerveau, formaté par la méfiance, cherche désespérément à comprendre ce que cache cette apparente perfection… Mais rien, il n'y a rien : que de la sincérité à l'état brut. Un homme intact, préservé malgré les ravages du métier et de la douleur. Extraordinaire.

Nous venons de passer plusieurs heures ensemble, à nous parler à cœur ouvert autour d'une bouteille de vin… Cette rencontre a quelque chose de magique.

Je finis par me livrer, par parler, par me laisser porter par cette douce conversation si simple et criante de sincérité.

Ce qu'il ignore encore, c'est que je ne suis pas venu les mains vides : j'ai une proposition à lui faire.
Je me lève et lui avoue que depuis nos premiers échanges, j'ai compris l'évidence : nous ne sommes pas du même monde, du même milieu. Mais j'ai saisi aussi qu'il aurait pu sombrer dans les mêmes pièges que ceux que je n'avais pas su éviter. Il a commencé très jeune dans l'univers impitoyable du cinéma, tout est allé très vite. Je comprends l'abîme dans lequel l'a précipité la disparition de son ami, la solitude dans laquelle il s'impose de vivre. En revanche, ce que je ne comprends pas c'est cette solitude pénitentiaire qu'il s'impose comme un moine des temps

modernes. Tout cela me semble complètement absurde. Cette inertie mortifère, cette pause existentielle qui n'en finit pas, le tire vers une dépression terrible.
L'immobilité est un luxe que je ne me suis jamais offert : rester sur place, c'est mourir à petit feu.

Cet homme m'émeut… Et à la fois je le regarde, je ne comprends pas, j'ai envie de me lever et de lui mettre une grande tarte. Comme pour le réveiller. Au plus profond de moi je pense « Réveille-toi… C'est maintenant qu'il faut que tu bouges, pas quand tu n'auras plus la force… ». Et puis d'un coup, je sens que c'est le moment. Je me lance sans filets, sans retenue, sans savoir si je vais passer pour un con ou un fou.

« Veux-tu venir en Arctique avec moi ? «

« Tu peux venir avec tout ce que tu portes mais en revanche tu dois savoir une chose : il y a un début et il y a une fin à cette aventure.
Quoi que tu fasses, à la fin de l'expédition, quelque chose se finit, quelque chose doit s'arrêter… »

Silence.
Jérémie est figé par ma proposition. Et après un temps de réaction, il écarquille les yeux, me tape dans la main : « J'accepte ! »

Je ne suis pas certain qu'il ait tout compris. Peu importe. Dans le silence, on se tape dans la main et dès lors, on sait.

On vient de se rencontrer pour la première fois et cela paraît complètement fou de l'embarquer dans un projet aussi ambitieux qu'Arctic Mission... Mais jamais je n'ai eu la moindre hésitation, jamais je n'ai eu un seul instant de doute ou de regret de lui avoir proposé cette aventure. Je l'ai senti, j'ai senti son âme, son appel.

Tout pourtant nous opposait.
Jérémie était dans une forme de dépression profonde alors que j'avais toujours été dans l'action, dans la confrontation avec la force de la vie... Nous n'étions pas du même milieu, avec des vies qui s'étaient construites à l'opposé l'une de l'autre, deux animaux appartenant à des biotopes complètement opposés, avec des références dans nos vies qui n'avaient rien à voir... Du moins c'est ce que je pensais... Nous n'avions que la souffrance atroce imposée par la mort comme dénominateur commun. J'étais tout aussi ébahi que lui par cette rencontre que j'interprétais comme un souffle vital colossal qui nous poussait ensemble vers un destin partagé.
Jérémie avait déjà expérimenté la mort et sa violence. Pour ma part, il ne le savait pas encore mais elle s'approchait dangereusement de ma vie avec un père condamné.
Nous partions ensemble, désormais nos destins étaient

totalement liés. Cet homme me fascinait par sa capacité à décider si vite une expérience aussi éloignée de son monde. Avec mon ego, devant la sincérité de celui qui se livrait à moi, je n'avais qu'une seule envie : me lancer le défi de le sauver.

Personne n'aurait pu imaginer à ce moment à quel point j'étais loin du compte.

11.

D'UN MONDE À L'AUTRE

Je suis à Biarritz. Je m'entraîne deux fois par jour avant de partir pour la Norvège, répétition ultime avant le grand départ en Arctique.
Jérémie est toujours partant.
C'est une première pour lui. Il ne sait pas ce qui l'attend. Il est incroyablement à l'écoute, enregistre toutes les infos, intègre les directives. À tous nos échanges sur l'épreuve qui nous attend s'ajoutent nos confidences, les moments où nous lâchons prise et où nous nous retrouvons face à face, solidaires dans notre extrême solitude. Nous parlons

des heures et nous savons que ces moments signeront ou condamneront notre projet de Grand Nord. Nous devons nous rencontrer, voir comment ça colle, où est-ce que ça va bloquer… Savoir avant de partir dans les zones perdues si un sujet peut nous pousser à nous faire exploser l'un contre l'autre. Le danger peut arriver de n'importe où… Pour l'instant, je ne vois rien venir, et Dieu sait si je suis aguerri à l'anticipation.

Nous lâchons des cartouches, je pose des pièges… Rien. Jérémie ne dérape pas, au contraire.
Il est tel qu'il est, ne cache rien, ne ment pas, ne fabule pas… Chaque jour qui passe, je reste dans l'expectative d'une déception… Elle n'arrive pas. Il est étonnant.
Moi, je ne comprends toujours pas ce qui m'arrive.

Mon départ pour l'extrême Nord de l'Alaska approche. J'essaye de tout gérer, y compris la réalité qui sait se manifester sous son pire visage : mon père, son cancer stade terminal, ma famille, les enfants…
Voilà des mois que je ne dors quasiment plus…
Une poignée d'heures tout au plus. Je vais partir épuisé pour l'expédition la plus exigeante que je n'ai jamais faite.
Je dis trente fois adieu à mon père, les catastrophes s'accumulent.
Un soir, mon frère le retrouve dans une mare de sang…
Je traverse alors la France de nuit pour le retrouver à l'aube

à l'hôpital… Mais l'animal est coriace. Il est encore là.
Quant à moi, un beau matin, trois jours avant mon départ, mon corps me lâche. Je m'écroule : surmenage, crise de tachycardie, douleur dorsale, nausées, fourmillements, sensations de chaud-froid… Il y a un problème.
J'ai appris à écouter mon corps et là, je le sais : rien ne va plus.
J'appelle les pompiers.
Je suis alors à Paris avec Maud. Je viens de remonter de Bordeaux où mon père était hospitalisé.
D'un coup, c'est la panique, pourquoi l'homme si fort, si armé, se retrouve ainsi ?
Je passe à mon tour une nuit aux urgences et rentre au petit matin.
Le soir même je suis sur Quotidien, un plateau télé, je ne peux pas me dérober, je ne peux pas lâcher.
J'avoue à demi-mot à mes équipes, après coup, ce qu'il s'est passé. Mais dans une telle situation, tu ne peux pas, tu ne dois pas faiblir.
Si tu doutes, une seule seconde devant les autres, tout le monde va finir par se jeter dans cette fissure et en faire une crevasse insurmontable, impassable.
Alors j'arrondis les angles, je mens, je cache, je tiens bon.

Je découvre, alors, mes premières crises d'angoisse.
Je me remets sur pied. Tout le monde a eu très peur. Je sais à présent que mon corps peut devenir mon pire ennemi.

Même lui, je ne lui fais plus confiance.
Pas question de repousser l'expédition. Avec les conditions climatiques qui annoncent de la douceur dans l'air, le temps presse. Chaque jour qui passe nous rapproche de celui où nous ne pourrons plus progresser car la banquise sera bien trop instable pour notre sécurité.

À cela s'ajoute ce message téléphonique dans lequel Jérémie me demande, la veille de mon départ pour la Norvège, de rencontrer quelqu'un. Ça tombe bien, je suis de passage à Paris.
Je prends la route le lendemain à 6 h 45 en van avec tout le matériel pour aller m'entraîner dans le froid.
Je suis déjà dans une concentration totale.
Chaque heure est comptée mais cela semble important pour lui.
Franchement, j'ai envie de tout sauf de me retrouver dans un café pour une raison que je n'ai pas bien comprise, mais j'y vais.
Arrivé sur place, je me retrouve dans un café parisien. Je reconnais quelques têtes connues, des visages que le cinéma a rendus familiers, des réalisateurs, des comédiens.

Qu'est-ce que je fous ici ? Un type s'avance vers moi. Manifestement c'est lui que je dois rencontrer. Je ne saisis toujours pas…
On s'assied à une table et il prend la parole.

Il me parle de Jérémie, exprime sa satisfaction de notre rencontre, parle d'un homme qu'il ne reconnaît plus depuis... Depuis la mort de son meilleur ami. Il ne l'a jamais vu avec cette énergie récente, cet enthousiasme qu'aucun de ses amis n'arrivait à faire renaître chez lui... Il fait écho à toutes les discussions que j'ai eues précédemment avec lui...

J'écoute tout en me posant mille questions pour essayer d'identifier mon interlocuteur. Manifestement tout le monde semble le connaître, lui dire bonjour du coin de l'œil... C'est sans doute un proche, un homme qui connaît bien Jérémie... Il évoque l'impact qu'il a pris avec l'accident, le début de l'enlisement dû à la peine, le mutisme qui a remplacé son amour pour les discussions et les échanges, la mise à l'écart volontaire... Il parle de Jérémie, uniquement de Jérémie...

J'écoute... J'observe...
J'essaye de cerner l'ambiance, comprendre qui est qui... Saisir aussi pourquoi Jérémie voulait que je le rencontre... Il est très sympa, pas désagréable mais tellement loin de moi... Je suis aux antipodes, avec des kilos de tatouages, une vie séquencée par des drames comme un film catastrophe mal monté, personne en qui j'ai vraiment confiance et avec l'obsession du coup à prendre...
Une sonnerie déchire notre conversation : « On se fait un

visio dans cinq minutes ? »
Jérémie vient d'appeler et nous traversons la rue pour le retrouver dans les bureaux, terme aussi vague qu'intimidant pour moi…

Rapide coup d'œil avant de pousser la porte. Le nom d'une grosse boîte de production. Ma passion pour le cinéma me donne soudain des réponses que mon intuition n'avait pas trouvées. Ok, l'homme est un producteur, énorme, brillant, de ceux qui peuvent faire ou défaire de carrières d'un coup de fil. Je mets les pièces du puzzle les unes à côté des autres et je refais l'histoire comme on reconstitue un itinéraire après s'être égaré… On pousse la porte…

L'entrée du bureau affiche complet ! Une actrice, puis une autre, des stars… Et cette impression d'être entré dans le monde d'une bande de potes, une tribu urbaine avec ses totems et ses tabous que je ne connais pas. Il y a même un César sur son bureau. Tout le monde est cool, c'est la détente apparente des gens pour qui la vraie tension se mesure en points d'audience, et à la fois il y a un mouvement que je ne comprends pas… Je suis sonné par ces rencontres… Je n'ai pas été prévenu, je ne suis pas préparé.

Il faut comprendre que lorsque l'on franchit la porte d'un milieu qui n'est pas le sien, c'est toujours un choc, une agression sensorielle comparable à une plongée sans équi-

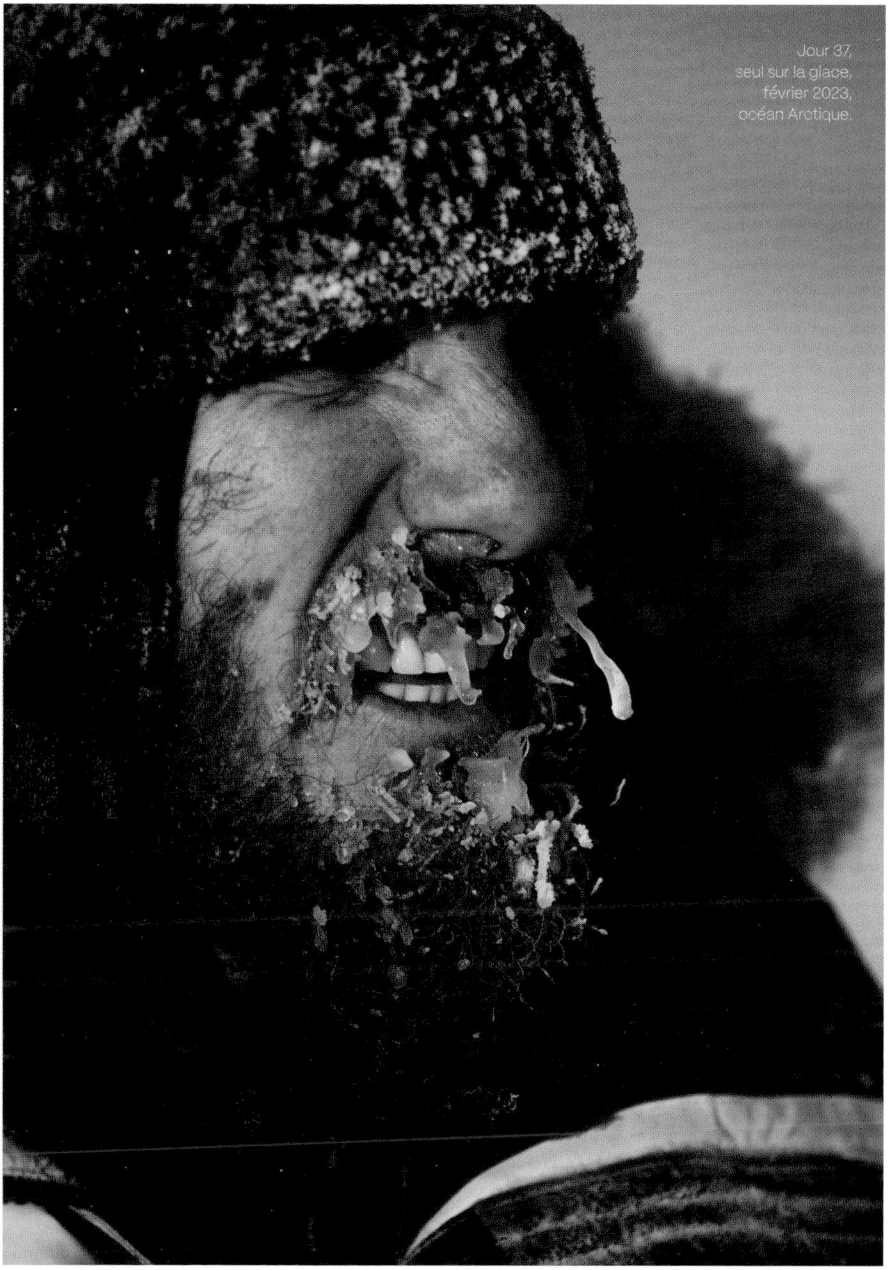

Jour 37,
seul sur la glace,
février 2023,
océan Arctique.

Passage d'eau ouverte
face à 2 m de glace, mars 2023,
océan Arctique.

Progression au milieu d'un champ de pack, mars 2023, Arctique.

Chloé Tedaldi, chef d'expédition, mars 2023, Arctique.

Une partie de l'équipe d'Arctic Mission et du film, mars 2023, Taloyoak.

Le jour où
j'ai perdu la vue,
2023, Arctique.

Mots sur mes
repas préparés
par Dorian,
2023, Arctique.

Plus grand désert de sel du monde avec mes filles, avril 2024, Bolivie.

Mon frère Simon et moi

Maud, 2002, Bordeaux.

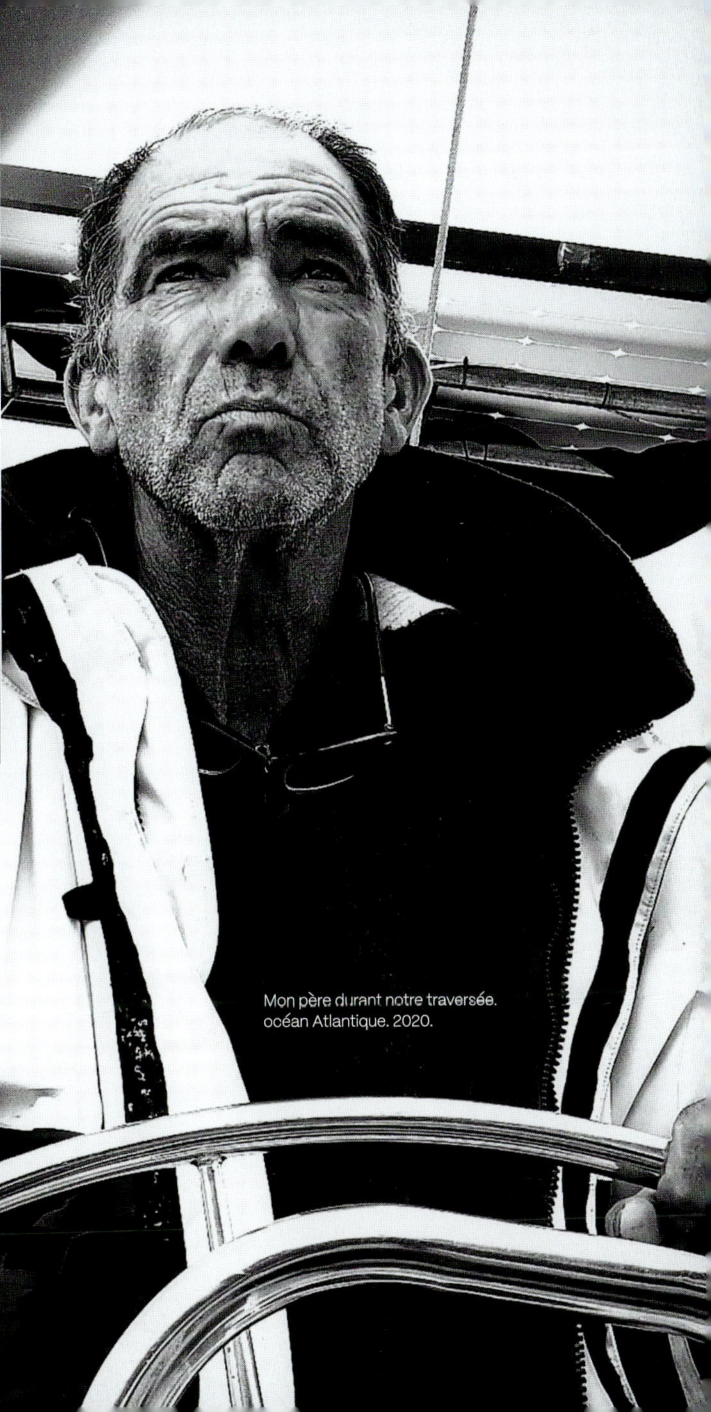
Mon père durant notre traversée.
océan Atlantique. 2020.

Jérémie après ses premières heures sur glace, 2023, Arctique.

Derniers regards avant de rejoindre la civilisation, mars 2023, Arctique.

*ce que j'ai,
je ne l'ai ni
gagné ni acheté :
je l'ai*

HÉ. ARRACHÉ. ARR

pement. Qu'il soit plus confortable, plus éduqué, ou plus simple et plus rustique, c'est la même chose : on entre dans un monde dont on ne connaît pas les règles.
Moi, je me suis construit dans le combat, chaque muscle de mon corps raconte une histoire de survie, et ce que j'ai, je ne l'ai ni gagné ni acheté : je l'ai arraché.

Clairement, je me retrouvais là, étranger, un visiteur éphémère dans un monde qui ne vous attend pas, à observer les rituels d'une meute dont les codes échappaient à mon entendement. L'impression d'être dans une grande coloc de potes, et pour la première fois en pleine ville, j'étais un naufragé plus perdu que sur la banquise. Au moins là-bas, je connaissais les règles : survivre.
Ici je ne connaissais pas trop mon texte. Les règles de survie sociale m'échappaient totalement.
Qu'est-ce que Jérémie attendait de moi ?

J'entends des rires qui fusent, des conversations qui s'entrelacent… Quel est le sens de tout cela ?
Jérémie se connecte. Il a l'air en forme.
Je suis avec le producteur dans un bureau.
Je vais enfin comprendre ce qui se trame…
Jérémie prend la parole, et très vite je saisis qu'il est en train de pitcher une idée, un projet qui lui tient à cœur… Il est enthousiaste, inarrêtable. Son ami lui répond être fasciné par l'effet que lui procure l'idée même de cette expédi-

tion et de cette opportunité du film qu'il peut construire.
Il lui confirme vouloir l'accompagner dans cette aventure et mettre à sa disposition le budget nécessaire pour le suivre…
Tout semble aller si vite.
Un claquement de doigts suffit à trouver les financements…
Ce monde n'est pas le mien…

J'assiste à cette discussion lunaire… Je suis abasourdi…
J'essaye de remettre mes idées en place et je comprends que là, en trois minutes, le budget pour un film et celui d'une équipe de professionnels sont actés sur un coin de table… Sans vraiment savoir ni comprendre où tout cela va.
Il doit me manquer une info…
Tout semble marcher à la confiance, et pour une fois, c'est un territoire que je ne connais pas.
L'amitié incroyable que suscite Jérémie à tous ceux qui l'entourent, je l'ai comprise. Mais là, on est dans une tout autre dimension. Nous parlons de centaines de milliers d'euros dédiés à un projet pour lequel rien n'est construit.

Comme une impression d'être dans une autre dimension, un moment sans doute où quelqu'un va surgir en explosant de rire et en me faisant passer pour un imbécile complètement crédule qui croit que le père Noël existe…

Mais non… Jérémie a la banane. Tout le monde se tape dans les mains. « Marché conclu, je vous laisse voir comment vous vous organisez ? ».

Jérémie se tourne vers moi :
« Il faut que tu me dises maintenant comment on fait ».
« Je vais m'entraîner en Norvège, ça sera notre voyage de repérage pour être sûr que c'est bon… Je pars demain et toi tu me rejoins à Oslo. Retrouvons-nous sur le terrain ».

Je reste très sceptique face à son approche.
Il ne comprend pas que ce n'est pas une excursion, mais une expédition…
Je l'écoute, médusé… Au fond de moi, je suis persuadé qu'il ne viendra pas en Norvège. Tout va beaucoup trop vite ! Ça ne colle pas…

Il va redescendre de cette excitation complètement folle dans laquelle il se trouve après cette discussion avec son ami producteur.
La chute va être difficile.
Et moi je ne serais pas plus étonné que ça.

12.

PRÉSENT À L'APPEL

Vingt-quatre heures plus tard, coup de fil de Jérémie : « C'est bon je suis à l'aéroport d'Oslo, vous venez me chercher » ? Je suis avec mon ami Dorian et Benjamin mon cameraman. Bien que très surpris, nous allons le récupérer et nous prenons la route. Jérémie, je le sais, n'a pas idée de ce qui va se passer… On fait des heures de route avec le van pour aller plus au nord, où j'avais réservé une cabine norvégienne. Je conduis comme je peux, sans visibilité.

La route n'est plus qu'un tas de neige et de glace. Nous

nous enfonçons dans la nuit, en nous dirigeant vers ce lieu perdu au milieu de rien.
Ça ne loupe pas, un fossé trop proche, ça dérape, je plante le camion. Aucun moyen de se faire dépanner. Nous sommes dans une impasse. Nous n'avons pas d'autre choix que de prendre nos affaires et de continuer à pied.
Il fait déjà nuit noire. Alors que nous avançons dans la neige profonde, nous nous enfonçons jusqu'aux genoux, dans un froid terrible. Il faut rejoindre d'urgence la cabane que j'avais réservée pour nous poser.
Entre la nuit qui s'installe et le froid qui nous saisit, personne ne parle.
On démarre fort, dans le dur.

Je sais que c'est précisément cela, le cœur de ce que je viens chercher en partant en aventure, cette confrontation permanente avec les éléments, les aléas, le destin… Mais Jérémie, lui, s'attendait sans doute à une mise en route un peu plus soft, un peu moins rude.
Et c'est vrai qu'à ce moment-là, ce n'est pas mon problème. Ici, on est dans mon élément et je n'ai jamais vendu une croisière…
Jérémie Renier est l'un de nous quatre, ni plus ni moins.
Nous finissons enfin par rejoindre ce qui devait être notre refuge. Nous entrons et là, je comprends que ce n'est pas la bonne cabane, la cachette des clés et les photos du propriétaire ne correspondent pas. On a fait fausse route,

dans l'obscurité je me suis trompé. Constat brutal qu'aucun guide ne veut prononcer. L'hiver transforme tout, efface les repères, brouille les pistes. On ne peut pas rester, il n'y a rien. La tension monte, palpable… Ils s'attendaient tous à une pause de l'adversité. Elle ne faisait que se prolonger, comme pour nous éprouver dès le premier jour…

Je décide de laisser tout le monde sur place et de continuer seul pour trouver la bonne cabane. J'ai un point GPS, elle ne doit pas être loin, quelques centaines de mètres peut-être, un kilomètre tout au plus. Mais dans la nuit par – 30 degrés, avec de la neige à perte de vue, avec la fatigue et le stress tout devient rapidement plus compliqué. Une expédition, c'est avant tout une force mentale hors du commun, et le physique suit comme un chien fidèle… Quand le mental lâche, le corps abdique presque instantanément.
Les regards expriment le doute. J'imagine que Jérémie se demande ce qu'il est venu faire dans cette galère, lui habitué aux plateaux chauffés et aux pauses-café, je me trompe peut être. Mais c'était le deal de départ, énoncé clairement quand il m'a rejoint dans cette aventure. Ici, les a priori vont vite tomber. Ce n'est pas un tour-opérateur. À peine arrivés, le camion dans le fossé, on se perd dans la nuit, on marche 3 heures, on se trompe de cabane… La nature déroule son tapis d'embûches avec une indifférence majestueuse !

Je repars donc les pieds dans la neige, avec le froid qui me fige un peu le visage. Même si dans cette immensité les repères se brouillent, la lampe frontale est essentielle pour trouver le chemin. Son faisceau perce à peine les flocons qui tombent désormais. Je trouve enfin le bon refuge, je repars les chercher, suivant mes propres traces qui s'effacent déjà.

Très honnêtement, à ce stade, il n'y a absolument aucun danger pour personne. Pour Jérémie, peut-être un léger doute qui l'a traversé, mais finalement, n'est-ce pas ce qu'il est venu chercher ?

Perdre le contrôle, pour se reconnecter et se sentir vivant.

Nous arrivons tous ensemble, les pieds mouillés par la neige.

On s'installe. Il fait – 20 degrés à l'intérieur, c'est très rustique, presque brut, d'une simplicité primitive… Il n'y a que l'essentiel : un toit, quatre murs, un poêle à bois. Pas d'eau courante et il faut maintenant aller fendre des bûches de bois pour faire un feu… C'est notre priorité absolue car sans chaleur, cette cabane est à peine plus confortable qu'un tombeau.

Nous nous posons et, nous réfugiant autour du feu, la magie opère, celle des hommes qui retrouvent la fraternité primitive !

Nos histoires se partagent, brisant la glace de nos craintes.

Dorian cuisine des hot-dogs par – 20 degrés et nous buvons un verre d'alcool, on se confie des choses qu'on n'aurait jamais dites sous d'autres latitudes et nous nous endormons… À 4 heures du matin, le froid mordant nous tire de notre lit… Le feu s'est éteint, la température a plongé.
En le rallumant, c'est de nouveau la fraternité qui s'éveille. Alors on reprend nos discussions, interminables, profondes…
C'est juste extraordinaire…
J'ai l'impression de connaître Jérémie depuis toujours, de le comprendre au-delà des mots… Comme si nous avions grandi dans la même rue, combattu les mêmes démons.

Il y a quelque chose d'unique pour moi dans cette connexion, une sorte de fraternité qui se tisse dans l'adversité… Il se livre sans retenue et je le sens vraiment bien, déboussolé mais vivant. Je suis heureux de le voir comme ça. C'est ce qu'il venait chercher : un peu d'apaisement.

On y est, dans cette confrontation avec l'essentiel. Ce moment est vraiment beau. Nous savons tous les deux qu'il se passe quelque chose, sans doute de l'ordre de ce que nous avions pressenti lors de notre première rencontre dans un café parisien, et à la fois je ne comprends pas bien où tout ça va nous mener…
À l'aube, nous nous réveillons dans une nature

incroyable… Si j'en connais la puissance immaculée, j'espère que pour Jérémie, dormir dans un refuge de ce type, sous des mélèzes croulant sous le poids de la neige, avec le sifflement du froid qui cingle les tympans est certainement unique.

Je sais qu'il vit un choc, une révélation brutale de la beauté et de la cruauté de ce monde…

L'heure pour nous de repartir.

Une journée de ski nous attend, un nouvel arrêt dans une cabane tout aussi vétuste, sans électricité, où l'obscurité sera notre seule compagne. On va se poser mais je suis là pour m'entraîner, pour préparer Arctic Mission, dont les enjeux vont bien au-delà de ce que j'expérimente aujourd'hui…

Il est 2 heures du matin.

C'est maintenant que ça commence. Là, c'est notre terrain de jeu.

Rien ni personne à des kilomètres à la ronde… Une nuit étoilée imprime ce décor totalement spectaculaire, dévoilant la neige à perte de vue et, dans le ciel, une boule blanche qui guette, une lune rayonnante.

Je lui dis que c'est le moment de s'équiper. J'ai l'impression que pour lui, c'est le grand saut, le face-à-face avec l'inconnu et ses propres limites… En 36 heures, il est passé de Montmartre au fin fond de la Norvège, dans l'un des visages les plus hostiles que la nature puisse montrer.

Il se prépare dans le silence, enfile son équipement, ses skis… Une sorte de trac insensé lui coupe le souffle…
Et nous partons. L'excitation de se trouver enfin tous les deux.
On marche et tout en portant notre matériel, on commence par gravir un versant pour atteindre ce qui me semble être le départ d'un flanc que l'on va pouvoir descendre à ski… Il nous faut plus d'une heure pour atteindre cette étape.
Nous arrivons en haut, première victoire.
Je me tourne vers Jérémie pour esquisser un sourire satisfait de ce moment, et là, je le découvre en sanglots.
Je ne sais pas quoi faire, alors même que je suis touché par ce qui est en train de se passer…
Le point de rupture que je cherchais chez lui est peut-être là.
« Je n'avais jamais chaussé de skis depuis la mort de Gaspard, et ma tenue là, c'est la sienne. »

J'ai la gorge serrée… Je me surprends à penser qu'il est peut-être lui aussi un peu fou…
Comment peut-on s'imposer quelque chose d'aussi difficile ?
Et en même temps, je crois n'avoir jamais vécu un témoignage d'amour aussi beau d'un homme pour son ami…
Moi en revanche, je m'interdis de céder à mes émotions.
Je sais depuis toujours qu'elles sont le pire ennemi de la

performance et de la détermination.
Alors qu'il est en train de pleurer et de lâcher la peine immense qu'il retient depuis notre départ, je tente de le rassurer et lui dis « Écoute, ne t'inquiète pas, ça va le faire… Et on va le faire ensemble ! ».
On repart dans cette nuit complètement merveilleuse, et derrière mes pas je sais que Jérémie pleure en regardant le ciel.
Comme un air céleste encore incompris pour moi.
C'est ainsi que se passe notre premier séjour.

13.

DE L'EXPÉDITION AU FILM DOCUMENTAIRE

Nous sommes rentrés de ce périple en Norvège. Entraînement pour moi, nouveau départ pour Jérémie. Clairement, il y a un avant et un après. Ces quelques jours nous ont unis. Au-delà de cette intuition d'être totalement en phase, nous nous connaissons de mieux en mieux.
Nous nous sommes parlé, confié, avec une simplicité que je n'aurais sans doute jamais pu imaginer.
La ville.

Paris nous accueille avec son rythme fou. Rien ne s'est arrêté et nous devons reprendre le train en marche. Les bruits de la ville crient, les odeurs agressent les narines, l'air semble doux pour nous qui venons de perdre 25 degrés. Le portable se met à nouveau à sonner toutes les 5 minutes.

Jérémie est toujours sur l'idée de partir en Arctique avec moi. Il a mûri sur ses capacités d'affronter les conditions terribles du Grand Nord et surtout, il veut y associer son projet : faire un film de cette expédition, de sa mise en risque, de sa rédemption, de son parcours encore inconnu qui l'attend là-haut.

Une nouvelle fois, j'ai du mal à intégrer la facilité avec laquelle les décisions se mettent en place pour trouver le budget dont il a besoin. Son rêve est flou, fou, mais pour lui, dans l'environnement dans lequel il évolue, il est possible.

Toutes les énergies convergent pour donner une réalité à son projet. J'ai la tête dans tous les sens... Je ne pige pas du tout comment tout cela fonctionne, se décide. Ça va vite, très vite. Je suis là au milieu de cette effervescence, moi qui ai toujours lutté pour obtenir.
Ça va trop vite pour moi, mais j'apprendrais plus tard que Jérémie s'est battu comme un lion pour obtenir et réaliser son fantasme. Ses amis ont cru et accompagné son idée. Dans mon monde, il faut batailler pour qu'un sponsor

vous accorde des budgets, du matériel. En face, il y a très souvent une multitude de contreparties à apporter...
Alors il faut se projeter dans une expédition pour laquelle nous avons réussi à trouver des budgets jamais imaginés.

Jérémie, lui dans son univers, réussit à embarquer tout le monde, avec derrière, des budgets impensables à mes yeux...
Je les regarde tous, plongeant dans ce film dont ils ne savent rien, abondant à chaque nouvelle idée de plusieurs centaines de milliers d'euros.
Il n'y a rien de malsain, que de l'enthousiasme, et la liberté de pouvoir offrir, à un ami réalisateur, une chance de se reconstruire.
Mais cela reste un choc pour moi. J'ai l'impression que je ne suis pas du même monde : je n'ai pas les mêmes ressorts, je n'ai jamais même imaginé que ce que je suis en train de vivre en direct puisse arriver. Pas un instant ma vie m'a permis d'aborder le chemin de la facilité, de l'accord immédiat, de l'accession à quelque chose sans le combat.

Pas certain qu'ils réalisent tous à quel point ils me mettent, sans le savoir, une énorme claque. Moi qui aime les nouveaux territoires, celui-ci, je ne l'avais encore jamais imaginé. Tout se passe comme s'il n'y a que du lien, des portes à ouvrir qui coulissent toutes seules, des autorisations qui sont des formalités, des enveloppes...

Les voir en action pour un ami, à remuer beaucoup pour l'accompagner restera un moment important dans cette confiance déchue dont je n'arrive pas à me défaire.
C'est clairement un choc des mondes.
À mes yeux, rien n'est réel.
Ils ont le matériel, les productions, des professionnels aguerris prêts à travailler avec leur propre équipement technique. De mon côté, je n'ai jamais travaillé qu'avec des équipes hyper réduites.
Le budget existe, et Jérémie aura ce dont il a besoin.
Ce n'est même pas un sujet.

Dès lors, nous nous retrouvons à cinq, qu'on le veuille ou non, coproducteurs de ce film. On dirige l'expédition avec mon équipe, ma logistique. Eux gèrent la partie cinématographique pure, la fabrication concrète du film. Tous ceux qui sont prévus sur ma liste de partenaires sur Arctic Mission embarquent avec moi sur cette aventure qui a pris d'un coup une autre dimension. Mais nous sommes pris par le temps : le départ est prévu dans vingt-cinq jours.
Nous nous retrouvons tous à nous regarder dans le blanc des yeux, sans nous connaître, sans appréhender véritablement le spectre d'intervention des uns et des autres, sans savoir si l'on va revenir vivants.
Une chose est sûre : ils financent le film de Jérémie.
Nous partageons les missions et les rôles, et dans cet esprit, donnons un feu vert à cette expédition complètement

rocambolesque et folle mêlant un milieu de cinéma, de stars parisiennes, de pigistes, d'acteur-réalisateur. De notre côté, Jérémie et moi avançons avec ce même sentiment face à la mort.
Bref, ça a tout du rêve, mais c'est peut-être un cauchemar qui se trame. Aguerri à l'embrouille, je n'ai de cesse de renifler partout pour savoir où est la faille…
Rien dans ma vie ne s'est jamais construit avec autant de fluidité. Je n'ai jamais expérimenté l'amitié, la bienveillance, la sincérité, la générosité telle qu'elles s'exposent sous mes yeux depuis que j'ai rencontré Jérémie et son équipe… Je ne reconnais rien.
Alors oui, même si je ne reçois de chacun que de l'enthousiasme, je me dis qu'il ne faut pas que je baisse ma garde.

14.

LES PORTES DE LA MORT

En Arctique, je suis sur mon territoire. Il faut que je réussisse à me caler avec Jérémie entre les deux équipes qui sont en demande d'informations et de précisions à chaque instant. Les codes ne sont pas exactement les mêmes. La façon de travailler non plus et encore moins la gestion du temps.

On scrute tous la météo. Je peux partir d'une heure à l'autre mais pour l'instant rien ne m'y engage : les prévisions sont catastrophiques. Les conditions sont particulièrement difficiles. Les journées sont violentes.

Bien plus que prévu. Nous sommes tous arrivés depuis plus de trois jours.
L'équipe de production et de tournage et Jérémie arrivent à leur tour quelques jours plus tard. On est tous coincés à l'hôtel. La météo empêche toute progression sur la banquise alors il va falloir que j'attende. Le temps qui nous est donné sert à briefer Jérémie, lui permettre de tourner des plans en situation avec son cadreur, de tester les différents matériels. Il doit aussi apprendre à survivre parce que le but de cette aventure, c'est de suivre toute ma progression en allant de village en village et de ravitaillement en ravitaillement.
Pour finir, Jérémie et moi partagerons un bout d'expédition ensemble.
Cette dernière étape, il faut qu'il s'y prépare, parce que face à la nature, la confrontation l'attend et je ne pourrai pas grand-chose pour lui.

Le temps s'étire et toujours rien. Nous sommes coincés à Prudhoe Bay depuis quinze jours. Il fait 66 degrés, le temps est sur pause, les paysages immaculés de blanc. C'est un film…
Ce n'est plus possible de rester. Les conditions sont à peine meilleures pour partir mais chaque jour qui passe nous coûte des milliers d'euros. Économiquement, la logistique de mon expédition prend une mauvaise direction. On ne peut pas se permettre de cramer autant d'argent.

La production qui suit Jérémie a une force financière dont nous ne disposons pas. Forcé de maintenir un équilibre entre les deux parties, je prends une décision radicale : je donne le top départ et j'annonce que dans quarante-huit heures, quoi qu'il arrive, je pars.
C'est le branle-bas de combat. Tout le monde sent l'adrénaline monter. Cela faisait deux semaines qu'on était installés dans cette station de transit et cette attente avait fini par nous anesthésier.
Je promets de retrouver tout le monde à Kaktovik situé à quelques centaines de kilomètres plus à l'est, premier point de ravitaillement.

Je donne les dernières consignes à Chloé.
Et comme souvent dans ces moments d'immense tension, le mental doit prendre le dessus : pourtant avant de partir, je prends une décision irréversible.

Mais pour moi, c'est le moment de chausser mes skis.
Je n'en peux plus d'attendre.
J'ai besoin de me retrouver seul, de faire ce pour quoi je suis venu. Les au revoir sont poignants.
Au vu du froid et du vent, chacun a un doute : celui de ne pas me revoir. Ils ont tous compris le danger. Ils ont tous saisi ce qu'il y a d'extrême dans cette expédition.
La pression est au maximum.
Nous savons que les conditions sont très limites. Les infor-

mations que nous arrivons à capter nous confirment qu'un chasseur parti deux jours plus tôt s'est fait attraper par un ours.
Nous sommes dans la réalité.
Toutes les peurs refont surface.
On rentre dans le dur, comme jamais je ne m'en serais douté.

Première journée seul sur la banquise depuis mon départ.
Je retrouve de l'air, loin de tout et de tous.
J'ai l'impression que je reprends mon souffle après avoir suffoqué dans cet hôtel, assailli par les questions incessantes de la production, des interrogations sur la météo, sur la faisabilité de tout ce qui avait été mis en place… Ces questions techniques envahissaient ma tête là même où je venais chercher la densité du vide que m'offre ce monde extrême.

Cette solitude me manquait tellement !
Je sors la voile, les skis et je réussis à faire 130 kilomètres…
C'est juste complètement fou !
Tout semble avoir pivoté dans un espace-temps très bref.
Je m'attendais à l'enfer et, en une seule journée, j'effectue la distance que j'avais prévu de parcourir en cinq jours.
Les dieux sont avec moi, rattrapant sans doute leur dérapage des jours précédents…
Si mes calculs sont bons, je vais rattraper le temps perdu.

Chaque muscle a semble-t-il retrouvé sa vigueur, comme si le froid avait brûlé en moi toutes les toxines de la civilisation. Journée absolument extraordinaire où j'ai l'impression enfin de recommencer à respirer. Le blanc, le froid, la solitude qui me ressourcent follement me font l'effet d'une perfusion d'adrénaline.
Je pose le camp pour la nuit. Tout va bien.
Mais je sais que cette tranquillité est souvent trompeuse.

L'aube me réveille d'une gifle arctique, dans un contexte qui n'a plus rien de celui fantasmé la veille.
La météo s'est dégradée avec la brutalité qui caractérise les confins. La température est stable à – 50 degrés sans vent. Je me suis réjoui trop vite hier et j'ai dû oublier une fraction de seconde que la nature extrême est une master class qui a toujours des leçons à donner.

Ça va être dur.
Je me retrouve devant ce que je redoutais : un immense champ de packs, des kilomètres de formations glaciaires qui se hissent sur plusieurs mètres de hauteur, véritables murs de glace. Un franchissement épuisant et extrêmement compliqué. Je n'ai pas d'autre choix que de tenter de contourner ce dédale par le nord, en m'écartant de la terre. Il faut impérativement que je trouve une surface plane pour pouvoir reprendre ma progression à la voile.
Je continue, à une vitesse vraiment réduite, pareille à celle

d'un blessé qui rampe et je comprends vite que tout ça ne va pas dans le bon sens pour moi.
Coup dur.
Mais je ne lâche rien. Principe de vie autant que d'aventure. Je continue sur ma lancée pendant deux jours avec l'espoir chevillé au corps que les quelques kilomètres arrachés à l'hostilité blanche passés m'ouvriront la voie vers un autre relief. Physiquement c'est une épreuve à laquelle je ne m'attendais pas si tôt dans l'aventure…
La tête est bien accrochée, même si je me sens happé par des images terribles, comme des fonds d'écran qui m'affichent mon père et ses souffrances.
Je sais pourquoi je suis là.
Je sais que je dois rentrer pour lui dédier ma victoire.
Ma progression ralentit inévitablement comme le sablier d'un condamné.
La nature ne m'épargne pas.
Je croise des passages d'eau, véritables plaies ouvertes dans la banquise, ce qui n'est pas bon signe. Cette banquise sur laquelle je dois progresser devrait être stable comme la parole d'un homme d'honneur, mais il n'en est rien… Je collecte au fil de mon parcours toutes les informations qui finissent par m'alerter.
J'ai bien conscience que je ne vais pas pouvoir continuer sous voile.
Une fois encore, le mental doit prendre le relais de cette mauvaise nouvelle.

Les champs de packs sont partout.
Je suis sur un terrain complètement miné, un champ de bataille où chaque pas est une lutte contre les éléments.
Je ne peux désormais effectuer que 2 kilomètres par jour, à pied. C'est un calvaire, une *via crucis* polaire : je passe des cours d'eau de plus en plus larges.
Ce n'est pas normal… Pourquoi tant d'eau ? Je suis censé être sur la glace, stable.

Toutes les informations se percutent dans mon esprit pour tenter de comprendre la voie sur laquelle je progresse et prendre les bonnes décisions face à cette nature impérieuse.

J'avais été alerté avant mon départ, de la présence des ours.
Ce chasseur qui avait disparu…
En avançant aussi lentement, je savais que je devenais une proie facile. L'homme redevient gibier quand la nature reprend ses droits, rappel brutal de notre place dans l'ordre des choses.

Le soir, je dois établir mon camp, ce périmètre de sécurité autour de ma tente, que je construis en plaçant des piquets qui vont déclencher une cartouche de détonation en cas de danger. Mais ça ne protège pas directement, ça ne fait que me prévenir, c'est-à-dire donner le top chrono avant les 10 secondes précédant l'attaque. Ces précautions sont

essentiellement prises pour les bêtes, les prédateurs, les ours, les loups.
Il faut savoir que je n'ai pas d'arme sur moi.
Ma seule défense, c'est une bombe au poivre et une fusée de détresse. Je sais par avance que toute confrontation peut m'être fatale.
Je suis trop exténué de la journée, incapable de trouver l'énergie pour planter les détonateurs de sécurité. Grossière erreur.
Le froid est paralysant. Je décide de faire l'impasse sur cette heure d'aménagement et je plante ma tente pour rapidement pouvoir utiliser du kérosène pour me réchauffer.

Je n'aspire plus qu'au calme et au repos.
Mon corps a mal.
Même si je ne m'attendais pas à ça, à cette difficulté dès les premiers jours d'expédition, j'avais signé pour ce combat face à l'hostilité du froid et de la glace. Quelques minutes plus tard, j'ouvre un sachet de nourriture lyophilisée et m'installe pour mon repas salvateur.

En pleine nuit, mon sommeil léger est perturbé par un bruit. Un bruit très spécifique, sourd, celui de la glace qui crisse sous le poids d'un prédateur.
J'en entends un qui renifle en s'approchant.
Je comprends que c'est un ours.
« C'est n'est pas possible… Je n'ai quand même pas fait

200 kilomètres pour me faire bouffer par un ours ? »
Je l'entends, là, juste derrière la toile.
Je guette chaque mouvement, essaye de comprendre ce qui se passe de l'autre côté de la tente.
Passé quelques minutes, je n'en peux plus de retenir mon souffle et d'attendre. Je dois agir : j'attrape la bombe de poivre et le pistolet de détresse, d'un coup sec je défais le zip de la tente et je bondis à l'extérieur pour lui faire face… Personne… Pas d'ours. Seulement des traces dans la nuit noire que j'essaye de discerner sur le blanc, s'effaçant dans les glaces soufflées par le vent, il est impossible à voir…
Je décide de m'enfermer à nouveau dans la tente avec l'illusion stupide de croire qu'elle me protège.
La nuit est dense, terrible. Et bien sûr, je ne ferme pas l'œil.

Par message Garmin, je préviens Chloé. Je lui raconte l'ours, la peur, le danger. Il va falloir jouer serré pour l'éviter maintenant qu'il sait que j'existe. Le face-à-face avec la nature vivante est un combat bien étrange où l'on retrouve en soi des ressources inconnues, ancestrales.
Je me réveille le lendemain, ayant à peine réussi à fermer l'œil de la nuit, je prépare mes affaires pour une nouvelle journée. Je repars dans le froid glacial et là, une nouvelle fois, la nature me coupe la route. Devant moi, ce n'est plus la banquise : c'est de l'eau.
Pas un mètre ou deux mais 400 mètres au bas mot…
Je repars dans l'autre direction.

Même chose…
Que se passe-t-il ?
En une seconde, un doute vient transpercer mon esprit.
Non impossible.
Pas ici, pas maintenant.
Et pourtant, après plusieurs heures à tirer ma pulka d'un bout à l'autre, je dois me résigner.
Je comprends l'impensable : je suis sur un immense iceberg, une plaque de glace gigantesque qui s'est décrochée et qui dérive… Avec, sans doute, l'ours d'hier qui y est aussi…
Traverser l'eau m'est impossible !
Je ne sais pas quoi faire. Je suis prisonnier des glaces sur un iceberg géant qui vogue là où les courants le guident.

Je décide de remonter ma tente et d'appeler Chloé :
« C'est la merde, je crois que j'ai un problème. »
« Je sais… Je te suis au GPS, tu dérives vers le nord de plus d'un kilomètre par heure depuis ce matin. »

L'enfer blanc.
Celui qui fascine autant qu'il effraie.
C'est maintenant, tout de suite que je vais devoir l'affronter.
Tout s'écroule dans ma tête.
Ça ne fait que quelques jours que je suis parti sur la glace et me voici acculé.

Nous avons perdu deux semaines au départ et même s'il fait – 50 degrés, la banquise a cédé.
Je suis piégé…

Alors que ma vie en dépend, ma première pensée va aux personnes restées à terre.
Je n'imagine pas dire à la production que tout est peut-être terminé.
Je me sens incapable de faire faux bond à Jérémie qui attend ce moment comme une mission salutaire.
Et dans ma tête, c'est inconcevable d'abandonner…
Je ne pourrais pas assumer ça.
Je préfère mourir sur la glace.
Mes pensées se percutent, je ne sais plus par où aborder le problème.
Je suis pourtant certain qu'il existe une solution…
Je ne suis plus du tout rationnel et j'ai conscience que je vis tout cela très violemment.
Pourtant mon instinct de survie reprend rapidement le dessus. L'importance de mes exercices de prises de décisions en situations de crises apparaît comme une évidence.
Soyons rationnel.
Soyons clair.
Trouvons une solution.
Pourtant, pas d'issue !
Le climat est beaucoup plus hostile que je ne pensais à cette période de l'année… Je suis bloqué sur un bout

de banquise, à 20 kilomètres des côtes et il faut que je trouve comment me sortir de là. Je veux attendre avant de demander les secours. J'espère en secret que les courants changent, que je puisse percuter un autre bout de banquise pour pouvoir sauter, et ainsi regagner non sans difficulté, une glace peut-être plus stable plus au sud.
Faut-il encore que je ne tombe pas sur des ours.
Chaque problème en son temps.
Malheureusement après trois jours passés à attendre, ma position et ma situation s'aggravent.
Je dérive irrémédiablement vers le nord, avec mes rations qui s'amenuisent et une fin certaine si je ne prends pas une décision rapide car je ne bouge plus de ma tente.
En soi, ce n'est pas un problème mais cela signifie que sans activité, mon corps ne se réchauffe pas.
Il me faut donc une plus grosse quantité de kérosène pour survivre.

Au bout du jour cinq sur l'iceberg, Chloé me contacte et m'annonce que ce n'est plus possible d'attendre, que je prends trop de risques et qu'elle veut déclencher les secours. Pour moi c'est inconcevable.
Cela amputerait considérablement les budgets de l'expédition, sans savoir si je pourrais repartir.
Chloé est incroyable : je sais qu'elle cherche toutes les solutions pour que tout se déroule comme je le souhaite, pour aller dans mon sens toujours.

Mais elle aussi a ses limites, et c'est principalement là qu'elle est au-delà d'incroyable : elle est précieuse.
Elle a la distance que je refuse d'avoir. Elle voit le drame qui peut arriver alors qu'immergé dans l'action, je ne suis plus capable de faire la part des choses…
Elle regroupe toutes les infos et me propose une solution : « À 40 km se trouve une équipe de forage qui dispose d'une sorte d'anciens tanks russes amphibies. Ils sont aguerris à ce type d'intervention. Ça coûte 10 000 euros, ils te récupèrent et ils te déposent sur la banquise pour que tu puisses continuer.
Juste un entracte, rien d'autre mais qui te sauve la vie, sans mettre en péril la suite de l'expédition. »
« Ok, on ne le dit à personne et je continue ma route. »

On n'a pas le choix.
On ampute l'expédition de 10 000 euros mais c'est comme ça.

Très vite, une fois acceptée cette sentence, je comprends sa décision. Elle a compris qu'à ce stade, je perds un peu ma lucidité…
La demande est déclenchée. Mais comme rien n'est simple dans les profondeurs du monde, il faut obtenir les autorisations pour que les secours soient acceptés. Une fois encore, ils mettent des heures à partir… Ils se déplacent à deux tanks, pour pallier d'éventuels problèmes… Le temps

s'étire. Je ne comprends pas pourquoi ils n'en finissent pas d'arriver…
Bien sûr je pense à la mort. J'avais tout organisé : les vivres, les degrés sous zéro, la fiabilité du matériel. Mais la nature, elle, n'a pas lu mes plans. Une pierre cède, le ciel tourne, la solitude devient silence et représente l'un des tout premiers dangers. Et dans ce vacillement soudain, il me semblait comprendre que c'était la fin. La mort m'avait croisé tant de fois, de face, au loin, qu'elle était devenue pour moi une silhouette familière. Je n'avais pas peur. Je trouvais juste cela sans panache… Mourir faute de temps, parce que les secours n'arrivent pas assez vite. Parce que le froid a pris le dessus… Cette fois-ci, la mort ne faisait pas de bruit. Elle était en train d'entrer sans frapper et j'entendais son souffle alors que mon mental prenait un coup. C'était peut-être ça mourir : perdre le contrôle de ce qu'on croyait tenir par la main…

Mais si j'avais dû crever ainsi, je serais mort depuis déjà bien longtemps. Il est évident que dans ces moments les muscles et l'intelligence n'apportent rien. Ce sont des couilles qu'il faut. Alors comme d'habitude, j'allais affronter ça. J'ai de moins en moins de batterie.
Cinq heures passent, puis sept…
Chloé me rassure : « Ne bouge pas ils vont arriver »…
En effet, dix-sept heures plus tard, en pleine nuit, je vois une lueur à l'horizon.

Il était temps…
Je décide de lancer une fusée d'alerte pour qu'ils me repèrent parfaitement dans cette immensité. C'est fou ce que le temps semble long… J'avais oublié à quel point on perd vite ses marques lorsque l'on se met au rythme de la vie sauvage.
Le froid est un inquisiteur pernicieux, qui gèle la compréhension de mes perceptions. Il s'immisce dans chaque recoin de l'esprit, comme un voleur nocturne. Il sculpte la glace, m'oblige à stopper ma route, décide comme un tyran silencieux si je continue ou si je m'arrête. Il fige mes pensées comme des gouttes d'eau sur le bord d'un iceberg. La clarté de mon esprit se transforme peu à peu en une brume épaisse, un brouillard qui enveloppe mes souvenirs et mes rêves. Les sensations se modifient, se distordent. Le bruit sourd du vent s'impose peu à peu comme un appel à la prudence. Chaque craquement de la glace rappelle à quel point la nature est impitoyable.
Ici le monde se réduit à une palette de gris et de blanc. Je ne savais pas qu'il existait autant de nuances possibles… Dans l'isolement imposé par mon attente, le moindre éclat devenait une révélation, un espoir. La lumière rare et précieuse se faufile parfois dans cette solitude glaciale. Je retrouve ici une intimité que j'avais déjà connue, seul avec une pensée essentielle : ma survie et ce froid, catalyseur de réflexions profondes qui se diffusent dans mon esprit dans toutes les directions.

Le froid n'est plus seulement une épreuve physique mais une exploration des profondeurs de l'âme. Je deviens l'observateur de mon propre esprit, retrouvant cette gymnastique terrible à laquelle ma mère m'avait soumis dans ma jeunesse. Je me sens naviguer entre la vie et la mort qui rôde. Le peu de lucidité qu'il me reste semble venu tout droit des ténèbres, au cœur des tempêtes qui ont secoué ma vie.

C'est peut-être cela que l'on entend par embrasser l'infini ?…

Je cherche à tout prix à ne pas m'assoupir, à garder assez d'éveil pour préciser ma position… Reprenant mes esprits, je comprends avec effroi que ce point lumineux était en fait extrêmement éloigné, et qu'ils sont encore très loin…

En pleine nuit, quasiment au petit matin, j'appelle à nouveau Chloé.

« Qu'est-ce qui se passe » ?

« Ils ont rebroussé chemin ; ils ont planté l'un des deux tanks, un ours les a attaqués… Ils n'ont jamais vu la glace dans cet état-là. Ils ont dû abandonner un tank et rapatrier le premier pilote dans le second… Et ils sont repartis. »

Consternation…

L'espoir tue, et pour l'énième fois de ma vie, je comprends la teneur de ces propos.

Je suis satellisé par cette information. Mon esprit vrille.

Je sais ce que tout cela veut dire et où cela me mène…

une exploration des profondeurs de

ME.

L'ÂME.

L'ÂM

Je vais mourir sur la banquise, comme un con.

Moi qui voulais défier la mort de mon père, c'est la mienne que je dois affronter à présent. Jusque-là, j'ai toujours pensé à ce qui allait succéder à ce que j'entreprenais.
Là, pas de suite, pas de lendemain.
Arrêt brutal.
Comme au cinéma…
Le mot fin, écran noir…

Chloé me rappelle sur le téléphone satellite dont la batterie s'amenuise pour me dire qu'elle déclenche l'hélicoptère.
C'en est trop.
À ce moment-là, je deviens fou et lui dis de ne pas le faire, lui hurlant que je préfère continuer dans le froid et affronter mon destin en mourant dans l'action plutôt que de rentrer couvert de honte…
Chloé me connaît.
Elle sait que je ne bluffe pas et que ce n'est pas un effet d'annonce. Face à ma détermination inébranlable, elle n'a pas d'autre choix et prend une décision extraordinaire, lourde de conséquences : elle m'annonce qu'elle va déclencher les secours sans mon aval, quitte à plomber définitivement le budget.
Au moins elle m'aura sauvé la vie.
En revanche, très vite les rôles s'inversent, car après avoir eu le SAFETY elle doit suivre leurs protocoles. C'est à son

tour de me demander de déclencher mon Garmin, pour être localisé.
C'est la seule condition pour que les secours puissent me trouver.
La vérité, c'est que nous sommes assurés si nous déclenchons les secours par voie orale via le téléphone satellite.
Si toutefois je ne suis pas mon protocole, je prends le risque de devoir régler la facture qui signera non seulement l'arrêt de l'expédition mais aussi une dette à vie.
Je suis anéanti…
Je sais ce que ça veut dire, ce que ça coûte…
Plusieurs centaines de milliers de dollars.

Chloé ne me laisse pas le choix.
Pourtant c'est mon honneur qui est en jeu !
Finalement c'est comme si la décision me revenait de choisir ma fin… J'appuie.
Dès cet instant, nos communications ont priorité sur tout.
Ma batterie est de plus en plus faible. On ne communique que sur le fait de venir me sauver.
Dans le tourbillon de la déception et cet épouvantable constat d'échec, je ne comprends pas que dans les contrats qui encadrent les mesures d'urgence, il m'a fallu donner avant de partir deux contacts de confiance qui sont prévenus en cas d'urgence vitale…
Lorsque les secours sont déclenchés, les deux appels sont immédiatement émis.

Mon frère Simon et Maud…
Ils sont contactés en pleine nuit…
Bien entendu, ils ne saisissent pas l'entièreté des faits.

Entre le sommeil profond, le stress de l'appel et le choc de l'information, tout cela en anglais avec une acoustique terrible, ils ne captent rien. Mon frère ne parle pas un mot d'anglais et Maud est incapable de discerner le message mais tous les deux comprennent…
Ils savent que l'heure est très grave.
Ces appels, c'est quand rien ne va plus.
Mon frère pète complètement les plombs…
Maud s'écroule…
Pour eux ça ne fait aucun doute : je suis mort.
Et quand on leur parle de rapatriement, il s'agit d'un corps, le mien, déchiré par les dangers ou congelé par le froid…
Il va falloir plus de 24 heures pour qu'ils apprennent que je suis toujours en vie…
Mais alors dans quel état ? Où ?
La panique les envahit.
Le danger affirme son pouvoir…
Nous sommes au cœur d'une expédition ou tout déraille.
De mon côté, des heures interminables se sont installées entre l'alerte et l'arrivée des secours…
Attendre encore…
Je n'ai presque plus de vivres, et quasi rien en kérosène.

Lorsque les ressources pour me réchauffer seront épuisées, j'aurai une capacité de survie d'une poignée d'heures tout au plus. Après quoi il me faudra sortir la couverture de survie et une bougie pour générer de la chaleur.
Mon dernier recours avant une mort annoncée.

Le temps est un tyran dans ces moments-là… Il traîne et s'étire, faisant quasiment perdre toute lucidité sur les événements.
J'attends, j'attends, j'attends, j'attends…

Ils arrivent enfin.
Eux frais comme jamais, moi au bout de ma vie, et pourtant il faut répondre à une question cruciale.
« Où souhaitez-vous être rapatrié ? »
D'un coup, un éclair de génie : pour moi, le combat n'est pas fini, je n'ai pas dit mon dernier mot.
Alors que je suis seul dans cet hélicoptère, je prends la décision, solitaire, de ne pas abandonner cette expédition.
Je suis à quelques dizaines de kilomètres seulement de mon prochain ravitaillement.
Je réponds donc « Kaktovik ».
Rapatrié mais loin d'avoir renoncé : l'aventure continue, plus violente et plus belle.

15.

15.

RATTRAPÉ PAR MES VIEUX DÉMONS

Mon équipe et la prod avec Jérémie ont dû quitter le fameux ravitaillement de Kaktovik où j'étais censé les retrouver. Depuis quelques jours, ils ont compris que je n'y serais pas en temps et en heure, que manifestement, malgré le peu d'informations qu'ils réussissaient à collecter, rien ne se passait comme prévu.
Mis au fait de certaines de mes péripéties douloureuses, ils ont fait le choix de me retrouver au village suivant.

De mon côté, j'ai eu le temps de me ravitailler dans la ville où les secours m'ont déposé et je souhaite vite repartir car la saison avance et la douceur s'impose de plus en plus intensément pour un mois de février. Ce piège m'a fait perdre un temps précieux. Chaque jour compte et les degrés montent implacablement sur le thermomètre.

Bilan d'étape : j'ai déjà effectué environ 200 kilomètres. Encore 600 kilomètres à parcourir pour atteindre Tuktoyaktuk.

Certains disent que c'est là que commence réellement le célèbre North Ouest Passage…
Cette terrible réputation annonce à mi-mots des étapes encore plus terribles que celles que j'ai vécues depuis mon départ. Mais j'ai compris une chose : si les températures atteignent parfois – 45 degrés, avec des vents glacés, nous restons très loin du froid extrême habituellement ressenti à cette période de l'année.

Le monde semble vouloir nous parler… Les mouvements de glace sont anormalement présents, des morceaux de banquise se décrochent à moins de 10 kilomètres des côtes, les passages d'eau vive font parfois près de 100 mètres de largeur. Le territoire devient un champ de mines naturel sur lequel progresser est une gageure.
Tout cela m'oblige à faire des détours considérables et je

comprends que tout ce que j'ai vécu depuis le début de mon parcours était imprévisible et anormal à cette saison. L'inattendu est le grand maître !
Je ne suis pas un scientifique, mais il y a quelque chose d'inquiétant…
Alors, est-ce cela le réchauffement climatique ?

Ces perturbations m'imposent de devoir constamment réfléchir à de nouveaux itinéraires, perdre du temps chaque jour de progression en prenant des détours inouïs pour éviter de me retrouver dans des impasses : concrètement, de l'eau. Mes déboires de début d'expédition m'ont déjà bien pénalisé et même si je dois être à 200 % sur mes objectifs de traversées, je ne peux pas oublier les impératifs que constitue le budget. Pour progresser plus vite avec des détours imposés, je n'ai pas d'autres choix que de marcher plus longtemps chaque jour. Le corps souffre. Je n'ai plus le temps de l'écouter.

À l'intérieur des terres, je fais face à des vents à 150 km/h. Ne pouvant plus progresser, je dois désormais trouver refuge dans ma tente en l'arrimant avec des broches à glace que je fixe dans le sol avant que le vent n'arrache tout. Après le vent, les rivières me coupent la route et leur franchissement périlleux met à mal mon physique fortement entamé par l'expérience de la puissance du vent contre qui j'ai dû lutter ces derniers jours.

Surgissent ensuite les *whiteout*, ces phénomènes optiques atmosphériques qui font que tous les reliefs et les contrastes s'effacent, la visibilité devient quasi nulle et je finis par ne plus avoir aucun repère ni capacité à m'orienter… Je me perds, je ne vois plus rien : ni ombre, ni nuage, ni horizon. Garder l'équilibre relève également de l'exploit.

À cela s'ajoute la fatigue, les vieilles blessures qui se réveillent, le matériel qui nécessite des réglages, et des moments d'infinie tristesse… Mes proches me manquent, j'ai besoin de les rassurer après les événements que je viens de vivre. C'est tellement dur… Besoin de parler à Maud, d'entendre sa voix, celle de mes filles aussi… Et mon père bien entendu, qui n'a pas toujours l'énergie de me parler. Je tente d'organiser tant bien que mal des moments en visio, mais les connexions sont mauvaises…

« Toi mon Padré bien aimé, tu t'apprêtes à terminer le dernier chapitre de ta vie alors même que j'ai fui ton chevet pour aller moi aussi affronter la mort…

Comment te dire mon chagrin et ma colère ? Comment accepter que tu fermes les yeux et que je ne puisse plus croiser une fois encore ton regard ? Je pleure, seul, épuisé, hurlant ma tristesse dans les paysages somptueux d'un monde déserté… Isolé dans ces terres sauvages et pures pour me préparer à ton départ, je m'en veux de mon égoïsme à

préférer
survivre ici plutôt
que de te regarder
partir là-bas...

Mon chemin
sur la glace devient
une errance entre
la vie et la

RT. MORT. MOR

préférer survivre ici plutôt que de te regarder partir là-bas… Finalement c'est peut-être cela un lâche… Mon départ si loin dans le froid m'exerce au manque de toi, à la douleur saillante qui va me fendre le cœur d'ici peu. »

Chaque matin, durant mes premiers pas, je pense à mon père : dans le Grand Nord, là où le souffle glacial sculpte le paysage avec une précision artistique, la nature se dévoile dans toute sa splendeur, pure et violente. Dans les matins au ciel rose également, lorsque le soleil pointe à l'horizon. Quand le ciel et la terre se fondent dans un silence presque sacré et au fil du temps, que l'on finit par distinguer les nuances de blanc qui dessinent le monde. Lorsque s'entrechoquent les particules émises par le soleil et l'atmosphère terrestre, que les soirs réservent parfois d'incroyables aurores boréales, luminescentes apparitions semblant descendues des cieux.

Rien n'est plus incroyable que ces paysages puissants et majestueux et chaque fois que je quitte le Grand Nord, je suis assailli par la crainte de ne jamais les revoir… Il y a une force ineffable dans ces lieux qui semblent vierges de tout mais dans lesquels s'est inscrite la mémoire du monde.

Je pense aussi à Jérémie, mon ami, à sa douleur, à la peur qui doit le hanter face à ce qui l'attend alors même qu'il comprend que mon chemin sur la glace devient une

errance entre la vie et la mort.
Il me manque, nos discussions aussi me manquent, elles qui m'aidaient à mieux saisir ce que la mort de mon père me réservait comme souffrances à venir. Au fin fond de sa peine, il a su trouver la force incroyable de se remettre en chemin.
Comment ne pas ressentir du respect pour lui ?

Depuis le début, rien ne s'est déroulé comme prévu. Mis à part quelques belles journées, les vents qui changent sans cesse de direction m'empêchent de progresser comme je le souhaiterais.

J'ai désormais parcouru environ 700 kilomètres…

Pendant ce temps, avec les quelques échos qu'elle a de la météo, la production basée au village d'Inuvik pense sans doute qu'à tout instant, je vais baisser les bras et abandonner… Les conditions sont intenables et les variations de température rendent l'expédition beaucoup trop périlleuse : la glace tient mal, l'eau reprend sa place, les prédateurs ont faim, le vent est fou. Cela fait plusieurs jours qu'ils n'ont aucune nouvelle de moi et Chloé sait que cela n'augure rien de bon…

Pendant ce temps à Paris, une personne de la production a mené son enquête : cet acte irréversible que j'avais commis avant de partir en adressant une facture douteuse à la production n'est pas passé inaperçu… Le questionnement, le contrôle, la découverte ont ouvert la brèche d'un scénario terrible : « Depuis le début, Loury n'avait pas d'autre objectif que de faire payer le maximum à la production pour effectuer son expédition à nos frais ».

Je comprends.

Ils me connaissent peu et les aventures de mon passé ne jouent pas en ma faveur. Certes, je n'ai pas le profil de ceux qu'ils ont l'habitude de côtoyer.
Une facture suspicieuse, l'argent des sponsors qui transite par des pays étrangers, pour finalement servir de fonds pour financer une expédition extrême, en effet, il y a de quoi se poser des questions…
À Paris, les suppositions sont hémorragiques, s'affichent comme des certitudes et très vite, vont gangrener toute l'équipe sur place, dont Jérémie bien sûr.
La version qui m'accable convainc.
Mais la réalité, c'est la collision de deux mondes. À mon départ, j'ai pris la décision de ne pas informer la production de Jérémie que mon équipe avait négocié la facture de l'hôtel à Prudhoe Bay. Cette décision a réussi à briser la confiance entre les deux productions et faire planer le doute sur la suite de l'expédition. L'ambiance allait être tendue, la méfiance s'installant partout…

Pendant ce temps qui contracte les esprits, je suis toujours sur la glace à me battre avec les éléments, ne sachant rien de ce qui se trame…

Cela fait des semaines que je n'ai vu personne. Les seuls êtres vivants que je croise sont des ours affamés en mal de phoques à dévorer et très intrigués par cette espèce inconnue que je représente pour eux… J'arrive enfin, totalement épuisé notamment à cause des fractures et blessures accumulées ces derniers jours pour lesquelles je n'ai pour l'instant pas pu faire grand-chose.
Je suis tellement heureux de les voir tous… Cela fait partie des moments magiques qui font aussi partie d'une expédition : retrouver des visages, des regards, des voix, des sourires, du contact physique, de la chaleur humaine aussi… Renouer avec ses pairs est un shoot d'énergie et tous ceux qui ont vécu une expérience d'isolement l'ont expérimenté.

Le lendemain, les esprits se sont posés : rassurés de m'avoir vu revenir, même si c'est dans un sale état, et moi d'avoir pu me soigner.
Mais à l'aventure sauvage de l'extrême va succéder la complexité des psychologies humaines.
Les soins que je reçois sont très efficaces et tous les marqueurs sont au vert pour continuer la route. On parle de tout et de rien et je sens Jérémie très concerné, très tendu.

Sans doute une forme de stress pour lui qui est justifié par le spectacle de mon état à l'arrivée.

Quelques heures après être arrivé, Jérémie me convoque dans sa chambre.

« Qu'est-ce que tu as merdé ? Pourquoi tu m'as fait ça ? »
Je mets quelques secondes à saisir…

Et puis la chape de plomb vient de me tomber sur la tête. Je comprends qu'il parle de cette histoire de facture, j'assume. Je sens une lame me transpercer littéralement le ventre. Pas une seconde je ne louvoie… Maintenant il s'agit d'assumer.

« Mes démons ont repris le dessus, j'ai eu un moment d'angoisse… Tu as raison, j'ai complètement merdé… »

Nous nous retrouvons dans un face-à-face terrible, tous les deux isolés dans une détresse inouïe, comme un dialogue interrompu par une nouvelle cataclysmique.
Je saisis que son silence n'était pas l'expression d'une inquiétude mais le mutisme de la déception.

Au-delà des faits, Jérémie est brisé par ses émotions, par la tristesse, par l'impression de s'être trompé sur moi. Son désarroi me fait un mal fou. Animée par le désir de comprendre les tenants et les aboutissants de cette histoire, la production parisienne avait établi toute une démonstration avant d'en informer Jérémie.

Tout partait d'un postulat : « Loury est un homme mauvais depuis le départ, et il t'a vu venir de loin »…

Et à partir de là, c'est l'enchaînement en cascade de tous les arguments qui m'enfoncent.

Terrible.

Terrible parce que, malgré mes explications sincères, je saisis leur cheminement. Je n'arrive pas à leur en vouloir puisque oui, j'ai déconné. Un moment de stress avec ce départ qui n'arrivait pas après deux semaines sur les terres d'Alaska, la météo qui nous bloquait tous à l'hôtel et les milliers d'euros qui s'envolaient chaque jour pour rien… C'était vertigineux…

Et soudain, dans la pression du départ tant attendu, une idée surgit dans ma tête : celle de faire bouger une ligne de dépenses, de garder la facture au montant non négocié et de la soumettre à la production de Jérémie.

Et j'ai plongé, cédant à mes vieux démons, à ma crainte de manquer de moyens pour accomplir cette mission, voyant dans cette pirouette un moyen de sécuriser ce que je sentais s'affaiblir chaque jour : la réalité économique de cette incroyable expédition ! Alors j'essaye tant bien que mal de lui partager les angoisses qui m'ont traversé, d'être entendu à travers un exercice pitoyable de justifications. Mais pour lui le sujet n'était pas là.

La trahison était tout entière construite entre nous, au cœur de notre amitié naissante.

Je savais à quel point lorsque les faits vous accablent, il est vain d'insister.
Un instant je me suis retrouvé dans la peau de ce Loury que j'avais pourtant quitté il y a des années, celui qui doutait de tout et de tous, qui avait l'impression que rien n'allait dans son sens et que tout s'arrachait par la ruse comme si la vie ne se donnait jamais sans un combat acharné…
J'ai vu dans cette production parisienne une bande d'amis incroyables, des potes qui s'écoutaient, qui s'aidaient, qui s'aimaient…
Ce milieu que je rêvais d'approcher depuis toujours surgissait dans ma vie comme un mirage…
Depuis toujours, le cinéma m'a toujours passionné, d'abord en tant que spectateur émerveillé, puis avec l'âge en prenant des cours d'acting, et en m'essayant à la réalisation. Ma culture cinématographique a toujours rythmé ma vie, avec une passion pour ces comédiens incroyables capables de vous embarquer dans leur monde. Voir tout cela de mes yeux, être au cœur du milieu, c'était un peu comme si un rêve se réalisait.
Les connexions qui se faisaient, fluides, simples… Cette confiance, cette gentillesse, cet argent aussi et cette facilité à l'employer, tout cela m'écrasait de son poids et illustrait une réalité qui m'était inconnue… Je n'avais jamais soup-

La trahison
était tout entière
construite
entre

US. NOUS. NOU

çonné qu'un monde comme celui-ci existait, où l'amitié se mêle à la créativité, où les rêves prennent forme dans la lumière des projecteurs.
C'était sans doute trop pour moi.
Je n'ai pas compris l'exceptionnel que ces rencontres faisaient entrer dans ma vie, et j'ai préféré tout saboter, me saboter, faire resurgir mes défenses d'autrefois, celles qui me dictent d'attaquer le premier, comme un animal traqué…

Je fonds en larmes, prie Jérémie de me pardonner tout en lui disant combien je le comprends et à quel point je m'en veux… En même temps, une rage sourde gronde en moi, une envie de hurler qu'il ne s'est pas trompé sur la personne qu'il a rencontrée.
L'argent ici n'était pas le sujet. La somme dérisoire dont il était question n'avait rien d'une victoire ou d'une satisfaction. Elle ne comblait en fait aucun manque, ne faisait que répondre à la peur. C'était le vide, une conquête sans combat et sans triomphe. C'était un geste fait impunément, une décision irréfléchie, quasi instinctive qui cachait des abîmes insondables. Une trahison qui ne se révèle jamais est une faute sans rédemption. Même si je ne le comprenais pas à ce moment-là, c'était une chance qui m'était donnée : une nouvelle fois apprendre sur moi, mes failles, mes fantômes, mes mécanismes ancrés. Encore une grande leçon. Elle était sévère, mais juste.

Ce moment face à Jérémie me brise le cœur et me couvre de honte. À force de ne faire confiance à personne, je m'autosabote, je détruis ce qu'il y a de plus précieux... Moi qui me bats sans relâche pour des valeurs fortes – l'honneur, le respect, l'engagement, la loyauté – je suis trahi par mes propres mécanismes.
Cette histoire sonne le glas de notre expédition, de notre amitié, de nos confidences...
Tout va s'arrêter, la production va partir et je prends surtout pleinement conscience que je vais perdre un ami que je surprends à aimer profondément...
Cela me foudroie, mais je ne peux m'en prendre qu'à moi-même...

Dans un élan désespéré, j'appelle la production, je leur donne ma version, je fais mon mea culpa...
Dans une situation de colère, ils me disent que suis fou, que tout cela est très grave, qu'ils peuvent me poursuivre en justice et considérablement changer le cours de ma vie.
Je suis catastrophé d'avoir provoqué ce cataclysme...

« Je vais rentrer en France. On est à trois semaines du prochain ravitaillement à Paulatuk, je vais prendre le temps et je verrai ce que je fais, s'il y a une suite à cette aventure ».
Jérémie confirme la sentence... Coup dur, mais je m'y attendais. L'un comme l'autre, nous sommes abattus par

cette décision…
Avant qu'il ne reparte, un flottement étrange s'installe, comme si le temps lui-même hésitait à avancer. Nous sommes tous en apnée, figés par la déflagration que nous venons de vivre…
Nous devons passer deux jours à Tuktoyaktuk. Moi pour me reposer et prendre des forces, eux pour organiser leur retour. Tout le monde rentre, c'est sans sommation.

Semblant défier les lois du temps, ce village inuit perdu dans les confins du Nord-Ouest du Canada est une sorte de stèle posée sur la glace. Une toile de fond version fin du monde qui tombe à pic. Des maisons aux couleurs vives, éclats de vie dans un paysage de neige et de givre qui viennent ranimer les teintes poudrées de la nature environnante. Des dizaines de bunkers, constructions déshumanisées, se dressent ici pour accueillir les âmes de passage, qui cherchent comme nous un refuge temporaire. À l'intérieur de chacun d'eux, des chambres alignées les unes à côté des autres, froides, austères, qui toutes ont une cellule où l'individualité s'efface. Le réfectoire quant à lui, sert une nourriture insipide, presque rituelle, répétée jour après jour, comme si le plaisir de se nourrir s'était figé dans la même glace que les paysages environnants.
Nous sommes loin des images d'Épinal qui peuplent nos imaginaires : l'igloo, le pêcheur emmitouflé dans sa peau de bête, les joues violacées par le froid, le hakapik à la main,

symbole d'une vie en harmonie parfaite avec la nature...
Rien de tout cela.
Ici, les autochtones se déplacent à motoneiges, engins dont le vacarme transperce l'écrasant silence. Lorsque ces machines tombent en panne, elles sont tout bonnement abandonnées sur le lac gelé, puis englouties par l'été comme les vestiges d'un monde qui ne se soucie guère ni de l'écologie ni de la pollution.
Tout le monde s'en fiche, ce n'est même pas un sujet...
Ces régions perdues rongées par la drogue et l'alcool, et ce paysage éteint, offrent une infinie tristesse et me renvoient soudain l'image très violente d'un monde que je tentais d'oublier.
Dans ce décor de désolation, la beauté se mêle à la souffrance et chaque souffle porte en lui le poids des histoires non racontées, des luttes silencieuses et des rêves évanouis.

Un moment marquera à jamais ce chapitre où, dans un couloir sombre de cette prison d'Arctique, dans laquelle j'avais moi-même bâti des remparts, Jérémie et moi nous croisons.
Sans un mot, nous nous prenons dans les bras.
Des larmes s'échappent alors et glissent sur mes joues, venant signer mon désarroi.
Pas un mot ne sortira de nos bouches.

hémorragie et que mon frère l'avait sauvé in extremis en l'emmenant à l'hôpital.
Sa maladie me tord les boyaux...
Je ne cesse de prendre des coups contre lesquels je ne peux rien. Le destin s'acharne à vouloir me donner des leçons. Cette expédition doit avancer coûte que coûte si je ne veux pas m'en mordre les doigts... Le foutu cancer de mon père progresse plus vite que moi sur la glace.

Je comprends que je suis entre deux étapes : mon équipe m'accorde un soutien sans faille, mais est contrainte, comme la production, de rentrer en France. Chloé, les deux cameramen, le responsable de prod et Jérémie : personne ne sera là à mon prochain ravitaillement.

C'est la première fois depuis le début de l'expédition que je vais me retrouver totalement seul, face à moi-même, sans que personne ne m'attende, moi qui suis mon pire ennemi lorsque je suis face à moi-même.
Bizarrement, je m'étais habitué à ça, à eux, jamais loin ou juste m'attendant. Dans un coin de ma tête pourtant amoureux d'une solitude rugueuse le plus souvent, je me surprends à me sentir un peu triste qu'ils ne soient plus avec moi.

Le jour du départ, je suis complètement vidé, je n'arrive pas à reprendre le dessus. J'étais déjà acculé, mais là, tout

Le foutu
cancer de mon père
progresse plus vite
que moi sur la

CE. GLACE. GLAC

gérer et assumer s'avère être une charge mentale hors du commun.
Tout le monde m'entoure lorsque je m'apprête à reprendre le départ. Il y a bien sûr un arrière-goût de rupture dans cette étape.
Est-ce le dernier que nous vivons tous ensemble ?
Que va-t-il pouvoir renaître de la mise à mort de cette amitié que j'ai orchestrée en tout inconscience, en toute bêtise, entre Jérémie et moi ?
Nos adieux se noient dans une tristesse palpable.
Je tourne le dos et je reprends la route…

Pour une fois les vents sont favorables et j'arrive à avancer à un bon rythme. Je tente de faire le vide dans ma tête alors même que j'y ai semé un chaos absolu.
Les visages, les regards, les baisers avec ceux que j'aime défilent et s'entrechoquent.
Parmi eux, les mots de Jérémie, sa peine, sa défaillance devant ma trahison me remontent à la gorge. J'ai envie de vomir… De me vomir dessus… J'avais biaisé des systèmes, pris de vitesse des mecs qui cherchaient à me la mettre à l'envers. J'avais aussi déçu des personnes qui croyaient en moi.
La trahison est une tout autre sensation : celle de la honte.
Ce jour-là au fil des pas lourds, je ressasse cette amitié dont je rêvais depuis toujours et que j'avais condamnée d'un coup d'un seul…

Comment lire cette histoire pour comprendre le piège que je m'étais tendu à moi-même ?
Je n'avais plus aucun moyen de convaincre Jérémie. La seule déflagration dont il était victime, c'était moi.
C'était l'ami en qui il avait cru, l'ami qu'il suivait au bout du monde pour échapper à l'omniprésence d'un deuil contre lequel il ne pouvait rien…
C'était la vie qui reprenait sa place aussi et qui, jusque dans ses entrailles, semblait une nouvelle fois lui échapper…
Comment admettre qu'au-delà de l'objet même de la trahison, le plus douloureux était de comprendre que jamais plus il ne me ferait confiance ? Qu'est-ce qui en moi avait fait basculer la réalité dans ce sens ? Fallait-il chaque fois que je monte la garde pour ne pas retomber dans mes travers ? Sans doute pas.
J'avais pour la première fois de ma vie côtoyé la normalité, les échanges sincères, les paroles franches et les engagements tenus. J'avais touché ce qu'il y a de plus subtil dans l'amitié, que je m'autorisais parfois à rêver : la confiance.
L'expérience de la normalité m'avait effrayé et au lieu de la savourer, j'armais ma défense.
Aujourd'hui, cette armure que j'avais construite, loin de me protéger, m'étouffait.

Dans l'étendue infinie de l'hiver, m'épuisant sous l'effort, dans la réflexion stérile que je menais avec moi-même, il me semble que je devenais fou…

Au bout de plusieurs heures, j'avais déjà effectué 25 kilomètres. Un bruit très particulier prit soudain le pas sur le souffle abrutissant du vent. Sortant de ma réflexion hypnotique, j'identifiais tout de suite ce son : deux motoneiges arrivaient à vive allure dans ma direction.

« Tu as oublié ta tente… »

Noir.
Comme un écran qui s'abat sur moi. La faute de débutant, celle qui peut vous coûter la vie. Comme ai-je pu ? Suis-je mal à ce point ?
Jérémie et quelques membres de l'équipe se sont mobilisés pour me retrouver avant la nuit, conscients que s'ils échouaient, je serais mort de froid. Ce chamboulement dans ma tête a tout emporté, comme une tempête balayant les dernières bribes de lucidité. Partir sans ma tente, comment est-ce possible ? Ce n'était pas une petite tente de camping d'été. Elle pesait lourd, était encombrante et ce n'était pas imaginable de l'oublier.
Un acte manqué… Une envie d'en finir avec tout ce qui dans ma vie prenait l'eau ? La nécessité inconsciente de compter sur les autres pour savoir si ma vie a une quelconque valeur ?
En tout cas j'avais la réponse. Ils étaient tous là.
Je prends alors conscience que mon état psychologique du moment me met directement et personnellement en

danger dans cette expédition.
Je deviens soudain mon pire ennemi.
Je dois rebrousser chemin, pas d'alternative. Je dois rentrer me reposer avant de continuer et mettre ma vie encore plus en danger.
Retour dans ce bunker pour y faire une pause forcée avant de m'autoriser à repartir.
Un nouveau point avec l'équipe, et une nouvelle fois, les derniers comptes avec la production de Jérémie. Le déclenchement des motoneiges a encore amputé le budget de l'expédition qui fond comme neige au soleil : 10 000 euros pour avoir oublié ma tente…
Ici, le prix de chaque erreur est décuplé. C'est aussi l'enjeu de chaque problème que je rencontre sur ma route : combien coûte l'aide dont j'ai besoin ? Est-ce que cela vaut la peine ? Qu'est-ce que vaut ma vie ?
Une trentaine d'heures plus tard, je vais pouvoir repartir. Cette fois-ci, c'est la bonne : ils ont déjà tous quitté le village.

L'introspection que j'attendais est peut-être là !

Je n'ai plus de cerveau pour affronter la réalité crue des exigences de cette expédition. Il faut que je profite de cette poignée de jours, que je marque un temps d'arrêt avant de repartir sur ce nouveau rythme : seul, sans les injonctions permanentes de la production qui me harcèle :

« À quelle heure tu arrives ? », « À quelle heure tu pars ? », « Quand peut-on faire des images ? », « Nous, on fait un film », « Il faut que tu te dépêches », etc.
Ces phrases ressassées m'ont mis une énorme pression à laquelle je ne m'étais pas préparé. Des requêtes incessantes, des questions, des pourquoi, des est-ce que… Effervescence terminée…
Mode off.
Je passe au silence, à une immense solitude, et fais face aux questionnements qui m'ont poussé à partir si loin.
C'est pourtant ce que je souhaitais n'est-ce pas ?
Alors allons-y !

Il faut désormais partir pour Paulatuk, c'est-à-dire environ 400 kilomètres à parcourir. Les conditions ne sont de nouveau pas avec moi, je dois remonter face aux vents et parcourir des kilomètres supplémentaires pour maintenir ma trajectoire. C'est très dur. Épuisant. Pour pimenter l'aventure, à peine quelques jours après être reparti, je dois faire face à l'attaque d'un muskok, sorte de bœuf musqué muni de deux gigantesques cornes, qui mesure plus de deux mètres de long et pèse plusieurs centaines de kilos. Le rapport de force ne me laisse aucune chance.
Une nouvelle fois, je n'ai pas d'autre choix que de laisser mon instinct prendre la main sur ma réflexion. La seule solution est d'attraper mon arme que nous avons réussi à acheter au village précédent et de tirer, sans doute pas pour le tuer – sa

peau est plus épaisse que celle d'un sanglier – mais l'effrayer et le faire reculer, idéalement fuir.
Le temps de saisir mon arme, de pointer l'animal : je tire une cartouche ! Je le recharge, je réessaye… Rien.
Mon arme ne fonctionne pas…
Pas le temps de tergiverser : je saisis ma fusée de détresse et je tire à nouveau… L'animal s'enfuit…

Pour une fois la chance est de mon côté. J'ai échappé au pire. Est-ce une bonne ou une mauvaise nouvelle ? Je ne sais plus. À ce niveau de l'aventure, je ne baisse pas les bras, mais je m'épuise à devoir passer par tant d'épreuves et d'inattendu. Porter une arme depuis des jours interminables, et comprendre que je n'ai rien qui puisse m'aider si je suis en danger, alors même qu'elle fonctionnait jusque-là… Je ne peux compter que sur moi-même. Cette certitude est une fois de plus mon pire ennemi, celui qui exclut les autres de mon existence, qui m'enferme dans une solitude extrême.
Les journées s'enchaînent dans un vent terrible, décuplant le danger à cause des plaques de glace que je sens défaillir sous mes pas… Parfois je ne sais plus si je dois avancer ou rebrousser chemin. La glace devient fragile, je le sens, une intuition que l'on développe à force d'être confronté à la nature… Chaque jour s'annonce comme un péril grandissant.
Lors des étapes de ravitaillement passées, je me suis nourri

d'informations pour savoir ce qui m'attend, essayant de prévoir l'imprévisible. Où vais-je pouvoir passer ? Où sont les relais d'antennes, les cabanes de chasseurs, les ouvertures d'eau, les glaces instables ? Ma trajectoire est sans cesse remise en question, chaque décision est contrebalancée par un doute immense, celui qui, peut-être, sera un itinéraire fatal.

À un moment, je l'ai compris, je vais devoir reprendre par les terres, c'est-à-dire des vallons incroyables à traverser, avec des dénivelés dantesques et ma pulka de 140 kg à tracter, chargée à bloc après le ravitaillement… L'épreuve est vraiment là, et à présent, j'en ressens toute la difficulté, l'exigence, la violence aussi… Je fais comme je peux, luttant contre la force immense de la nature qui s'impose comme une inertie implacable à chaque mètre que je parcours. Les journées se succèdent avec leur lot d'imprévus et de tension. Le blanc et le froid m'agressent avec toujours autant de puissance.

Je n'arrive plus à faire le tri quand mes idées m'assaillent : mon père, ma solitude, la femme que j'aime, mes filles. Je suis à des heures du bonheur de les voir, de l'agonie de mon père dont je ne recueille que des bribes d'informations lors de nos échanges. Je suis là dans le mouvement répétitif de la marche qui scande mes journées. Toutes les images reviennent comme le ressac de l'océan. Je revis ce moment incroyable lorsque j'ai traversé l'Atlantique avec mon père et que ces 14 jours ensemble, ont su nettoyer nos années de

Moi
qui suis vu
comme un rebelle,
je n'ai jamais
souhaité que le

ON. PARDON. PARD

douleur. Moi qui suis vu comme un rebelle, je n'ai jamais souhaité que le pardon.
Les jours se font de plus en plus longs et difficiles. Je n'ai plus cet appétit de me dire que mon expédition sera couronnée par le plaisir de la partager avec Jérémie. L'amertume est partout. J'avance en ayant mal, sans horizon ni perspective.

La légende avait dit vrai... Je suis dans le cœur de l'expédition, là où les éléments ne font pas de cadeau, où rien n'est plus dangereux que la sensation que tout va bien.
Le vent est revenu, puissant, presque 30 nœuds. Et toujours pleine face, histoire de rendre mon avancée plus compliquée. Impossible de l'affronter, je peine à rester debout et avec ma pulka, je suis contraint de trouver une autre solution : je décide alors de tirer des bords, c'est-à-dire avancer en déviant ma trajectoire d'un côté puis de l'autre en gardant le cap de vue...
Résultat : ça marche mais en revanche, je mets plus d'une heure pour effectuer chaque kilomètre en luttant contre la puissance du vent.

J'effectue 50 kilomètres de remontée au vent pour une trajectoire de 10 kilomètres sur ma trace. Le vent est un ennemi sournois dans le Grand Nord car il fait mentir les professionnels même les plus aguerris : il change de direction, de puissance, écrase parfois, vous soulève souvent, vous obligeant sans cesse à vous battre et vous confronter à lui. Pas plus tard que ce matin, en voulant monter ma voile de kite, une bourrasque surpuissante m'a soulevé et traîné au sol sur plus de 35 mètres, m'obligeant à déclencher ma sécurité avant de venir frapper la glace de plein fouet. J'ai de la chance, seule ma cuisse a été impactée… Ça va aller… Je trouve un système pour continuer et je comprends soudain que le coup de vent magistral de tout à l'heure a sans doute fait tomber la voile de mon kite sur un morceau de glace saillant : voile déchirée. Je suis maudit… Mais pas d'autre choix, il faut poursuivre.

Plus tard, je croise des chasseurs autochtones qui attestent que plus au nord, il est impossible de passer… Les eaux sont ouvertes.

Je comprends que toutes mes journées sont consacrées à concevoir des plans B, C, D… Je dois garder la tête froide pour être capable à tout moment de réagir, changer d'avis, bouger, repartir et renoncer encore pour dévier mes plans. La gymnastique mentale est omniprésente. C'est le moment d'attaquer par les terres, mais comme chacun sait, la terre n'est pas plate et je vais devoir affronter ses fameux vallons de 190 mètres de dénivelé positif…

J'avais eu beau penser à tout, me préparer à tous les imprévus, cette expédition ne me laisse aucun répit : l'enfer continue. Chaque fois que j'appuie sur mes cuisses pour avancer sur le flanc du vallon, ma pulka me tire en arrière. Les températures ne cessent de changer le paysage et de rendre mon avancée encore plus périlleuse : – 15 degrés, – 10 degrés… Ça fait peur… Je transpire comme un fou. La fatigue s'installe et les erreurs commencent.

Je n'ai plus le temps… Le monde est en train de fondre sous mes pieds… Je fonce tout droit sans même savoir si c'est la bonne stratégie ou pas… Je trace.
Je n'ai plus de cerveau, j'avance comme un bourrin…
La brute épaisse fait son retour, l'animal reprend le dessus sur l'homme pensant.
Plus de connexion avec le monde, j'ai débranché tous mes appareils. De toute façon, pas le temps pour confier mes émotions : pas de place ici pour les états d'âme. J'avance tout droit, je monte, je descends, vent de face, aucune visibilité… J'enquille des journées de 18 heures de lutte…
Et puis un jour… enfin…
L'océan !
Après avoir passé plusieurs jours sur la terre, avançant à 1 kilomètre à l'heure, en proie aux prédateurs, me revoilà sur la glace. Les champs de packs ne m'épargnent pas de leur présence mais au moins, les vents soufflent dans la bonne direction. Je retrouve le plaisir d'avancer : 60 km/h ! J'ai sorti la voile tempête, la seule qui soit encore en état. Le blizzard est en forme ! Mes skis glissent sur une patinoire géante et je dois rester hyper concentré pour éviter in extremis des petits packs durs comme de la pierre que

je n'arrive à percevoir qu'au dernier moment.
Derrière l'épuisement, c'est aussi l'extase ! Elle est là la magie de l'expédition, la contemplation du monde : cette façon incroyable de changer du tout au tout, de proposer des visions d'enfer et de les ponctuer de bonheur à couper le souffle.
Dans les hautes latitudes, là où le froid cisèle le moindre souffle, où la lumière rase la banquise comme un dernier aveu du soleil, la nature règne en souveraine indifférente à la présence humaine. Ici, il faut apprendre à vivre au bord de l'effacement. La morsure du vent, la solitude de la glace, les craquements sous les pas des prédateurs, tout rappelle que le monde n'a pas été fait pour nous. Et pourtant, c'est dans cet espace farouche, lavé du superflu, que l'homme peut retrouver sa juste place – infime, fragile, mais éblouissante. Être là, face à l'immensité, c'est une leçon muette offerte par le monde sauvage : la beauté ne fait pas de bruit, mais elle sait nous foudroyer.

17.

LE RETOUR INATTENDU

En plein milieu d'une journée sans pitié, message Garmin de Jérémie.

« Je vais revenir, seul ».

Une pause.

Une pause dans ma tristesse et dans cette introspection infinie.

Énorme claque. Définitivement, Jérémie est surprenant, capable de faire ce que je n'aurais jamais imaginé.

Avec une résilience peu commune, il choisit inlassablement de donner une chance à la vie, à l'amitié, à l'amour.

Je suis littéralement transpercé par l'énergie positive de cet homme. Dans mon existence, il est unique. Après la sidération, Jérémie ouvre une porte pour tenter de retrouver un souffle dans cette amitié en apnée depuis ces interminables semaines. Ses mots, l'annonce de son retour sur les terres canadiennes, sont un ineffable shot de vitalité et pourtant ma question reste entière : que trouve-t-il chez moi ?
Qu'a-t-il vu que personne n'a jamais perçu ?
J'ai un instant l'impression d'être aimé.
Les derniers jours avant Paulatuk sont terribles mais bercés d'une grâce infinie.

Le 28 mars, j'arrive enfin.
Personne ne le sait, mais j'ai vraiment eu l'impression d'avoir bravé l'enfer et ses pièges.
Une fois arrivé et mes chaussures retirées, mes pieds doublent de volume de façon impressionnante. Des œdèmes considérables apparaissent et viennent confirmer les dégâts que je redoutais.
C'est un fait : je ne peux plus du tout marcher.

Le repos pour quelques jours est non négociable si je veux repartir.
Jérémie arrive à Paulatuk, quelque temps après moi.
Retrouvailles douloureuses puisque sa première impression est de me voir alité. Mon état de santé l'inquiète. Je le comprends. La douleur, qui pourtant ne m'atteint

que rarement, se lit sur mon visage. Ce temps de pause est salutaire et mon corps me suppliait de le lui accorder depuis longtemps. J'ai appris, au fil de mes expéditions, à l'accepter, à imposer à mon cerveau de ne pas imposer à mon corps plus qu'il ne peut en supporter. J'avais fait un constat étonnant : le corps est d'une extrême générosité, trouve des subterfuges incroyables pour ne pas manquer à l'appel des efforts incommensurables qu'on lui demande. Je parle pour moi, mais aussi pour tout un chacun. Nous avons tous tendance à penser que l'obéissance du corps est « normale », qu'elle est un dû, comme un pacte passé avec la vie.

Pourtant il n'en est rien. On travaille la machine, mais on l'use aussi.

Si l'on attend quelque chose de sa part, des performances, des capacités hors-norme qui nous permettent de nous dépasser, acceptons aussi d'en prendre soin, d'être à l'écoute, de lui donner tout ce dont il a besoin pour performer.

Plus que jamais je suis le gardien de ce temple. Mon corps a toujours été mon meilleur allié et j'ai un respect immense pour ce qu'il me permet de vivre et d'atteindre.

Lors de ces journées, alité, à l'arrêt, je suis à son écoute. La douleur est comme un cri qu'il m'envoie, signal inévitable de celui dont la parole a trop longtemps été ignorée. Et lorsque la douleur du corps se conjugue aux confusions

de l'esprit, le mental se fragilise.
Ce que je redoute particulièrement à ce moment, c'est ce fameux règlement de compte avec Jérémie.
Finalement, nous n'avons pas échangé depuis le précédent village et l'attente est encore plus violente que la confrontation elle-même.
Avec le temps qui s'est écoulé, je mesure l'ampleur des dégâts, bien plus subtil et complexe à réparer que les escarres qui mangent mes pieds. Je revisite la scène inlassablement, celle où notre amitié a basculé, celle où j'ai commis l'irréparable. Je prends plus que jamais conscience de mes actes et j'accepte d'en payer le prix. Mais perdre Jérémie, cette lueur d'espoir, notre rencontre et notre amitié me font plus que mal.
Je dois réagir, dire, parler, maintenant.

Jérémie avait quitté l'Arctique. Depuis, c'était le silence radio. Il avait disparu des radars, du mien en tout cas. Ce silence imposé fut l'un des plus lourds de ma vie. Pas d'échanges, pas de combats, pas de défense. Juste des faits impitoyables qui me désignaient comme l'homme par qui le gâchis arrive.
Les jours se sont étirés, faisant traîner l'agonie de notre amitié. Je ne me faisais pas à cette suffocation.
Aussi, lorsqu'il surgit devant moi, le miracle une fois encore se produit : des retrouvailles inouïes, pleines d'émotions. Plongés tous deux dans la déception et la tristesse, nous

retrouvons le même chemin d'une indicible amitié, forte, puissante, increvable. Nos échanges sont sincères, fluides et authentiques. Nos cœurs à vif saignent de concert. J'avais traversé toute une partie de mon expédition seul et cette solitude avait été salutaire.

Je ne sais plus compter toutes les fois où je lui ai dit combien j'étais désolé, combien mon erreur me plongeait dans une tristesse lourde.

Sans jamais vouloir justifier ce dérapage catastrophique, j'ai souhaité lui dire combien la présence de la production venue pour son film m'avait mis sous pression, combien ces interminables journées à attendre que la météo soit clémente et tourne en notre faveur, m'avaient tendu. J'avais pris l'habitude de faire cavalier seul, de ne compter que sur moi, de prévoir les failles pour m'accrocher aux murs. La parole, c'était ma parole que je livrais à Jérémie, la seule chose qu'il me restait aujourd'hui pour espérer qu'il me comprenne. J'ouvrais mon cœur, ma sincérité, ma tristesse, ma désolation et ensemble, pas à pas, nous avons repris le chemin de notre incroyable amitié. Mille fois je me suis excusé, mille fois j'ai fait un mea culpa sincère, souhaitant trouver dans son regard et sa voix un acquiescement à nos retrouvailles.

Ce fut le cas.

Notre rencontre était plus forte et une nouvelle fois, la vie me donnait une sacrée leçon. On ne pouvait noyer la force de ce qui nous avait liés dès notre premier message

J'ouvrais mon cœur, ma sincérité, ma tristesse, ma désolation et ensemble, pas à pas, nous avons repris le chemin de notre incroyable

ITIÉ. AMITIÉ. AM

téléphonique. Je prenais tout cela comme un cadeau, la leçon la plus violente et à la fois la plus douce que j'avais vécue jusque-là.

Nous avons parlé de tout, remonté le fil tendu de nos déceptions et de notre amertume. Toute notre colère et nos souffrances ont été nettoyées par notre sincérité et notre désir d'en finir avec ce conflit.
Désormais, notre vie reprenait son cours !
Je devrais parcourir encore plusieurs centaines de kilomètres seul avant de le retrouver pour ce moment qu'il attendait depuis maintenant des mois.

18.

DERNIERS MOMENTS DE SOLITUDE

Départ de Paulatuk, pour un village de mineurs à 650 kilomètres.

Je traîne derrière moi 120 kg de vie condensée, cette pulka qui racle la neige avec obstination. 120 kg, le poids de mes jours à venir, de la fin de cette dernière étape où je suis seul à progresser. Bientôt, une nouvelle aventure va démarrer : je pense sans cesse à cette traversée qui représente tant pour lui et qui ne tardera plus à arriver.

L'équation polaire s'impose dans sa terrible simplicité : chaque calorie avalée, chaque goutte de kérosène brûlée allège mon fardeau mais creuse le gouffre de ma vulnérabilité. Car la banquise ne prévient pas de ses colères. Quand elle décide de vous claquer la porte au nez, il faut avoir de quoi tenir le siège. Alors je calcule, je soupèse, j'arbitre entre le poids du présent et l'angoisse du futur. Se nourrir et se chauffer : les deux verbes qui deviennent stratégie quand on a choisi de défier l'hostilité du monde.

Mon corps, cette machine à brûler des calories, en dévore 8 000 par jour rien qu'à tenter de maintenir ses 37 degrés dérisoires face aux quarante sous zéro de l'immensité. Huit mille calories : de quoi nourrir trois Parisiens sédentaires, ou un seul homme qui a décidé de marcher sur le toit du monde ! Chaque repas devient alors un calcul d'ingénieur, un dosage de chimiste. Mon ami Dorian, alchimiste des saveurs et stratège des nutriments, a composé mes rations comme on écrit une partition : chaque note compte, chaque accord nourrit.

Trois fois par semaine, le miracle : un vrai repas sous vide, rescapé de la civilisation, qui réchauffe autant le corps que l'âme. Car après six semaines de lyophilisé – cette poudre de vie qui a oublié le goût –, on en vient à rêver d'une simple tomate, d'un bout de fromage, d'une gorgée de vin qui ne gèlerait pas sur les lèvres.

Ces soirs-là, quand la chaleur du réchaud fait danser les ombres sur la toile de ma tente, l'odeur véritable de la nourriture monte vers mes narines gelées, alors le monde redevient habitable. Je me glisse dans mon duvet avec cette plénitude du ventre comblé, ce sourire que seuls connaissent ceux qui ont eu faim. Dans ces instants-là, je suis riche des 120 kg de pulka, de mes blessures, riche de mes calories comptées, riche de cette solitude que j'ai choisie et qui me fait découvrir qui je suis.

Demain, je continue ma route, pour mériter la fierté de mon père et mon bonheur de le retrouver, et pour accompagner mon incroyable ami dans cette quête de paix ultime qu'il va chercher dans la révélation de sa force intérieure. Dernière étape avec moi-même, dernier *push* dans cette incroyable blancheur qui ne cesse de m'émerveiller…

Des chasseurs d'ours, de renard polaire, de caribou et de muskok m'ont averti avant de partir : j'avance vers des endroits moins risqués.

Néanmoins, une fine couche de glace qui recouvre l'eau constitue un piège invisible. Une vraie galère… Le vent de face, les températures qui grimpent, je coupe une nouvelle fois à travers terre.

Le quotidien n'est jamais décevant dans l'extrême adversité.

Mais il y a peu de répit dans l'extrême nature… Un jour,

après quelques dizaines de kilomètres, une rafale particulièrement violente m'arrache une nouvelle fois du sol, me soulève sur plusieurs mètres et me plaque sur la glace avec une force inouïe. Gros choc. Je suis collé à la glace, et j'essaye de me relever. Impossible. Le vent me saisit et me traîne sur plusieurs centaines de mètres. C'est ce que je voulais ? Avancer plus vite ? Prends ça…
Entre la force du vent et le choc, j'ai du mal à retrouver mon souffle, une douleur atroce me transperce les poumons… Je réalise très vite que, cette fois-ci, je pense m'être fracturé des côtes. Mais je n'ai pas le temps de m'apitoyer sur mon sort. Ma voile est en train de faire des tours sur elle-même emportée par le vent, incontrôlable, me traînant derrière elle. Une fois de plus je dois lâcher la sécurité pour réussir à me désolidariser de ma voile avant qu'elle ne me balance de droite et de gauche contre la glace dure comme du béton. Ma voile lâchée se met d'un coup en boule et s'échappe au loin… Les abymes de l'Arctique vont l'engloutir, me laissant là, condamné à avancer à pied…
En quelques secondes je décroche ma pulka, et me mets à courir avec les chaussures de ski. Je tombe, je glisse, je hurle, enragé de douleur, voyant la fin des réjouissances sceller soudain mon destin.
Quatre cents mètres plus tard, les suspentes prises dans les packs qui, pour une fois, jouaient dans mon camp, je récupère la voile totalement emmêlée…
Je suis sauvé… mais blessé.

Je dois à présent retrouver ma pulka dans le blizzard, rebrousser chemin contre le vent. La douleur est terrible. J'ai du mal à respirer.

Le soir venu, dans ma tente, je compte les blessures. Les côtes fêlées, sans aucun doute, et les pieds détruits par cette course infernale. J'ai beau regarder devant et ne jamais chercher à revivre le passé surtout quand la mort m'a frôlé de son ombre, le constat m'afflige. Cette expédition plus que toute autre jusqu'ici m'oblige à reconsidérer sans cesse mes choix, ma capacité à résister et me met chaque seconde face à une réalité qui ne veut pas de moi. Quel exploit suis-je venu chercher ? Pourquoi suis-je tant séduit par la mort qui me tourne autour depuis le début de cette expédition ? La douleur, la colère, la solitude m'achèvent dans une sorte d'ivresse qui me fait perdre pied. Depuis mon départ, je n'ai pas eu un seul crédit en ma faveur, juste une succession sordide d'épreuves lors desquelles survivre était la seule réponse possible.

Je ne trouve ni réponse ni désir de renoncer. La vie est plus forte, et j'ai un ami qui m'attend.
Nous arrivons à communiquer par le biais d'appareils satellites, nos échanges reprennent et je dois me rendre à l'évidence que je ne peux plus continuer l'itinéraire que je m'étais fixé. Je ne pourrai jamais aller au bout de l'expédition initiale. La glace fond. Le sol sur lequel je

Pourquoi
suis je
tant séduit
par la

ORT. MORT. MO

progresse est de plus en plus instable, donc je choisis de tracer la route très vite en éliminant certaines étapes pour gagner du temps.
Je préviens tout le monde que je ne m'arrêterai pas au prochain ravitaillement initialement prévu.
Je prends de quoi tenir, de quoi avancer pour allonger ma solitude et mon autonomie mais surtout profiter de ces vents favorables bien que parfois trop puissants.
Je ne peux pas faire la fine bouche devant tant de progression possible.

Dernier moment de solitude avant de retrouver tout le monde à Gjoa Haven.
Il faut foncer à présent.
Avant de repartir du village, la priorité est de réparer mes voiles de kite et vérifier que l'évolution de mes œdèmes me permet de continuer la route. Ces centaines de kilomètres n'ont plus rien de surprenant. J'y vis un enfer ponctué de ce qui désormais me paraît n'être que des anecdotes : glace qui s'effondre sur mon passage, ours, loups, mon quotidien désormais.
Les jours et les nuits passés dans cette étendue blanche se ressemblent tous et je n'arrive plus à savoir précisément depuis combien de temps je suis parti.

19.

LE GRAND DÉPART DE LA PETITE AVENTURE

À Gjoa Haven, Jérémie m'attend avec son équipe et des nouvelles personnes pour préparer les derniers 150 kilomètres que je vais faire avec lui. Il y a une sorte de solidarité dans cette *team* recomposée.
C'est un renouveau.
Une arrivée pour moi, mais un départ pour lui.

L'excitation est à son comble, tout va se jouer sur ces dernières centaines de kilomètres.

On prépare notre départ avec une nouvelle recherche de sécurité parce que rien ne doit arriver à Jérémie, même si au fond, je le sais, je le sens, on doute de mes récits avec les ours et les loups, les craquements de glace, les icebergs, ma dérive et les bourrasques insensées…
Mais les compteurs sont à zéro :
« J'arrive à comprendre ta peur, ta tristesse et j'ai bien réfléchi, j'arrive à te comprendre malgré tout. Je sais que les bonnes personnes existent et je n'ai qu'une parole, tu peux compter sur moi ».
Ce sont ses mots.

C'est fou : je suis pour la première fois de ma vie devant une personne qui croit en moi, me touche au plus profond de mon cœur, là où mes failles sont encore à vif. Je suis totalement bouleversé par ce qu'il me dit, conscient que je touche du doigt ce que l'on appelle l'amitié.
Ce moment est celui qu'il attendait depuis deux mois et demi : son expédition démarre et c'est aussi tout le paradoxe de notre situation. Alors qu'il s'apprête à se jeter dans cette aventure extrême qui ne représente rien d'autre que l'aboutissement de ce deuil, de mon côté, je suis sur une fin de partie. Le village de Taloyoak sera notre objectif commun, la fin pour tout le monde et le début d'une

respiration commune. Jérémie aura sans doute achevé l'hommage qu'il souhaitait dédier à son meilleur ami.
Ce sera à mon tour d'écrire celui que je prépare pour mon père.

Soixante-cinq jours d'expédition s'inscrivent déjà dans la chair glacée par le froid. Les nouvelles de mon père sont terribles et me promettent des jours sombres que mon temps passé sur la banquise tente de retarder. Je n'ai pas encore reçu le fameux message qui me somme de rentrer. Alors je m'accroche au peu de temps qu'il reste.

Malgré tout, ici, l'urgence nous presse Jérémie et moi. Plus on attend, moins les conditions rendront possible notre avancée. Lui porte un fardeau invisible et bien plus lourd que nos pulkas – il s'embarque vers l'inconnu avec celui qui lui a proposé de partir en Arctique il y a plusieurs mois. Quelle plus belle preuve d'amitié, brutale et sincère, pouvais-je espérer avoir un jour ?
Je reste aveugle aux tempêtes qui agitent son esprit, aux angoisses qui doivent le lacérer, au poids des attentes qu'il porte pour tous ceux qui attendent ses images rapportées des confins du monde.

Jérémie a aussi cette mission. Fabriquer un film.
Sur le terrain, c'est une autre paire de manches.
Il construit, avance, souffre dans un silence stoïque dont

s'échappent parfois des hurlements de douleurs et des larmes à peine étouffées. Je suis admiratif de sa capacité de résilience, la force dont il fait preuve pour reconstruire les ponts fracassés de notre amitié, me faire confiance à nouveau et mettre sa vie entre mes mains…
Il n'a jamais rien fait pour se préserver dans cette aventure. Il s'est livré à 100 %, a fait le grand saut, sans parachute de secours.

Néanmoins, depuis le début, Jérémie me charrie sur mes récits d'aventures qu'il n'a pas encore vus, insinuant que j'ai peut-être alimenté une légende sans en avoir vécu la réalité… J'avais encaissé en silence. Je sais que cela fait partie de notre histoire, sa façon de me renvoyer dans la figure les doutes qui l'ont envahi lorsque ce sombre récit est venu lui brûler les oreilles.
Et puis d'un coup, je lui propose quelque chose.
« Tiens, je te laisse tirer ma pulka… »
Il saisit ma *sled*, j'attrape la sienne, toute légère, et j'attends. Derrière moi, Jérémie tente d'avancer, mais, trahi par les 130 kg de charge de toutes nos provisions pour deux personnes sur douze jours, celle-ci l'entraîne en arrière et le fait tomber. J'explose de rire.
Vexé, il se relève, s'acharne, mais ne progresse pas plus d'un mètre.
« Ok. Message reçu… » murmure-t-il, humilité arrachée à l'orgueil par la main brutale de la réalité.

Un regard aura suffi pour poser les bases de cette ultime étape.
Je récupère ma pulka et nous repartons.
Ce moment est essentiel dans notre étape ensemble. Il reprend confiance en moi, et comprend enfin que je ne lui raconte pas n'importe quoi.
Le soir dans la tente, je l'entends faire ses enregistrements sur la narration de son film. Il parle d'un ours, de dénivelés incroyablement impressionnants, de situations folles. Il fantasme sur une forme d'aventure qu'il aurait vécue, sur des mésaventures extraordinaires qui pourraient nourrir son film.
Je lui confirme qu'il va pouvoir bientôt expérimenter tout cela. Même si au fond je pense qu'à cet instant il n'y croit pas encore, convaincu que ma romance était bien construite mais que la réalité est bien plus monotone.

Le sujet de son film est une fiction au cœur même de la réalité s'abreuvant à la source de sa douleur. Il met une énergie folle à être sincère et juste et, comme c'est souvent le cas, ressort de chaque plan écorché vif, réinvestissant son drame et ses fantasmes pour mieux les poser en images.

Il me demande de jouer pour alimenter sa narration. Je deviens acteur dans ce théâtre glacé. Je m'allonge dans la neige, mime la mort, recommence dix fois le même plan avec l'application d'un homme qui sait que les simulacres nourrissent une vérité plus grande. L'expédition change de cap pour moi, je suis désormais l'humble serviteur de sa vision, alimentant sa boulimie d'images comme on nourrit un feu dans la tourmente…

Devoir être au service d'un metteur en scène dans un cadre normal est déjà un véritable exercice, alors, après quasiment soixante-dix jours en solitaire avec toutes les mésaventures vécues, mon seuil de patience est quasi nul. Nos mondes s'entrechoquent de nouveau.

Au fil des jours, nous trouvons notre cadence, sauvage et bancale. Je vois les efforts physiques titanesques qu'il déploie pour tenir coûte que coûte mais je refuse de ralentir. Nous ne sommes pas venus faire du tourisme dans ce purgatoire blanc. Je veux qu'il se confronte aux conditions extrêmes qu'il est venu chercher, les mêmes que j'ai affrontées pendant tout ce temps.
Je garde un œil sur lui, mais j'avance, implacable comme le temps qui nous est compté.
Je pense que c'est particulièrement à ce moment qu'il est important d'être aussi celui qu'il a tant attendu : un guide qui ne fera pas toujours de concessions.
Nathanaël, le cameraman, nous accompagne depuis le début de notre aventure à deux. Il filme 100 % de notre avancée. Rodé aux expéditions, il partage notre quotidien pour capturer le maximum d'images.

Nous avançons tous les trois dans le vent, déviant nos trajectoires pour éviter les territoires désertés où la glace a rendu les armes face au réchauffement de la saison douce qui arrive. Jérémie commence à goûter cette ivresse, celle qui naît du bonheur d'un événement que l'on anticipe depuis trop longtemps.

Il y est enfin ! Il se sent bien, comme libre, délivrant cette boule angoissante qui siégeait dans sa gorge depuis des mois. Je suis sous le charme du bonheur authentique et de sa libération. Il saisit enfin ce dont je lui parlais, cette monotonie d'une avancée dans la neige qui propose la même gymnastique toute la journée, pendant des heures, sans jamais laisser de répit.

L'avancée s'avère difficile : nous n'avons pas d'autre choix que de contourner les eaux ouvertes mais nous traversons tous les environnements que j'avais précédemment rencontrés. Jérémie se souvient de mes récits et comprend que rien n'était le fruit de mon imaginaire mais bien de la vraie vie en conditions extrêmes.

Nous rencontrons des fissures de pressions, lorsque la banquise explose sous la pression de l'eau trop importante ; nous traversons des vallons avec des dénivelés épouvantables ; il perd une peau de phoque et se retrouve à avancer encore plus lentement.

Il casse un bâton…

Il tombe, traîne…

Le physique souffre, le mental est mis à rude épreuve.
À tout cela s'ajoute la nécessité impérieuse de faire des images.
Il pense à son film.
Moi j'avance.
Je ne ralentis pas.
Une sorte de compétition se met en place. Je stresse en me disant qu'il est lent, que nous n'arriverons pas à clôturer notre étape à temps car la glace ne tient plus. Je connais les impératifs d'une expédition et sur ce point je ne peux pas faire de concessions.
J'avance avec le nouveau fusil. Je traque les empreintes d'ours sachant que, sur la banquise, les prédateurs nous repèrent de loin…
Jérémie n'a juste qu'à avancer sur mes pas… Mais il est toujours derrière.
La réalité semble lui échapper alors même que la cadence que je lui impose le contraint.
Nous réalisons à peine 10 kilomètres les premiers jours, puis 15 contre parfois 40 ou 50 de mon côté en conditions idéales avec mes skis.
Le fossé de la compréhension entre nous se resserre. Il commence à me voir comme l'animal que j'ai été, celui qui a dû également mettre ses émotions de côté pour avancer dans l'adversité.
D'un seul coup, tout devient une évidence quant à nos échanges durant ces deux mois où il m'a accompagné.

Réussir à combiner communication, film, météo et progression devient quasiment impossible pour lui.
Dans ses yeux, je constate le désarroi de l'homme qu'il a pu être face à moi durant toute ma progression en solitaire.

Soudain la rage le saisit et fait exploser sa peine et sa douleur en hurlant sur moi au cœur de la banquise, dans un horizon déployé à 360 degrés… Je riposte, à bout également pour tous les aménagements que je m'impose pour répondre à ses demandes, d'avoir à supporter ses doutes sur mes propos.
Deux émotions enragées qui se percutent, des insultes qui règlent les comptes de douleurs enfouies…
Les mots sont terribles, mais ils nous libèrent.
On se dit les choses, et au bout de quelques minutes, le silence et le calme reprennent leurs droits et nous invitent à repartir.
Tout est dit.
Nous sommes délivrés du fardeau de nos ressentiments.

L'amitié plus forte cogne dans nos tripes.

Les distances ne sont pas palpables. Jérémie comprend à quel point il est difficile d'évaluer le temps, de se fixer des heures d'arrivée pour prendre ses images. Cela ne fait que quelques jours que nous sommes partis ensemble et il est déjà usé. Je veux pourtant qu'il fasse l'expérience à fond

et je me retiens de prendre les devants sur toutes les étapes qui viennent rythmer la journée.
Fin d'après-midi, nous posons le camp et je laisse Jérémie installer le périmètre de sécurité :
Un rituel que nous avions travaillé à Prudhoe Bay avec minutie.
Planter chaque piquet armé d'une cartouche en circonférence du camp, et y armer le fil qui permettra de nous prévenir si un prédateur passe cette sécurité. J'avoue ne pas prêter attention à la fiabilité des exécutions, je suis déjà en train de monter le camp, robotisé après plus de 2 mois à l'avoir fait avec les mêmes gestes, les mêmes automatismes. Chacun son rôle.
Jérémie, Nathanaël et moi sommes dans la tente, épuisés après une journée de marche qui ne nous avait pas permis d'avancer autant que nous l'aurions souhaité. Peu importe, nous ferons mieux demain. La fatigue nous saisit dès que nous réussissons à nous réchauffer…
Le soir c'est aussi ce fameux moment où il faut faire état de son corps et vérifier les potentiels problèmes. Check journalier obligatoire, impossible à réaliser la journée.
Jérémie montre des premiers signes d'escarres sur ses talons, dont l'un est déjà en sang.
Son état s'est très vite dégradé depuis notre départ.
Chaque jour, ce sont des mouvements répétitifs, toujours les mêmes rituels, les mêmes arrêts ; le piège de la monotonie est précisément dans ces situations où tu penses que le

danger qui n'est toujours pas arrivé dans la forme violence, n'existe peut-être pas.

Il fait nuit noire, il est 2 heures du matin.
Tout le monde dort d'un sommeil de plomb.
Tous sauf moi.
Soixante-quatorze jours sur la banquise en solitaire ne nous offrent pas ce luxe.
Dormir profondément, c'est aussi et surtout prendre le risque ultime d'être attaqué par un ours, un loup ou qu'un bout de banquise se décroche et parte à la dérive sans que nous nous en rendions compte.
J'en sais quelque chose…
J'ai dormi entre deux et quatre heures depuis le départ.
Sanction invisible aux yeux de ceux qui ne le vivent pas.

À ce moment précis, ce qui restait alors jusque-là le fantasme profond que racontait Jérémie dans ses audios qu'il effectuait pour construire son film, va se produire.
Un bruit sourd, très proche du camp… Trop proche.
Ce fameux crissement bien identifiable et tellement singulier.
Jérémie se réveille en sursaut : lui aussi a entendu ce bruit très symptomatique dont je lui avais souvent parlé. Je lui fais signe d'être discret pour bien identifier ce qu'il se passe.
Nous n'osons plus respirer de peur de couvrir le bruit que nous épions.

Il y a un problème…
D'un coup sec, comme pour prendre le mal par surprise, je dézippe la première ouverture de la tente pour sortir.
À ce moment-là, tout s'accélère, j'entends une cartouche du périmètre de sécurité qui se déclenche. Je sors de la tente, le fusil à la main et dans la nuit noire je vois l'animal, je crie :
– « Putain, un ours… »
Il est là, à 5 mètres de moi…
Je tire instinctivement dans sa direction.

– « Sortez les frontales »

Jérémie sort.
Il fait – 25 degrés, dans la nuit alourdie par quelques lueurs octroyées par la lune, nous ne voyons pas à 5 ou 6 mètres.
Il est en panique. En état de choc.
L'ours n'est pas touché. Il est parti, mais où ?
Nous n'en savons rien.

Nous sommes sur la glace, Jérémie fait des tours sur lui-même, sans vraiment comprendre que je viens sans doute de nous sauver d'une mort certaine.
Avec nos torches, nous identifions d'énormes empreintes de 35 cm.
Jérémie est en état de choc.
Il vient de se prendre la réalité en pleine face.

Il faut à présent remettre le périmètre de sécurité en place à 10 mètres de la tente et planter à nouveau les piquets que l'ours a arrachés en quittant le camp.
Comment se fait-il que rien ne se soit déclenché quand il est entré ? Les traces montrent qu'il était à moins d'un mètre de notre tente.
Nous l'avons échappé belle.

De retour dans la tente, nous ne parlons pas beaucoup. Le silence, cette langue universelle des hommes qui ont frôlé l'abîme, s'installe entre nous comme un quatrième compagnon. Nous sommes tous les trois figés par ce que nous venons de vivre, et plus encore, par ce que nous avons évité. La mort est venue danser près de nous et nous avons senti son souffle glacé sur nos nuques… Le sommeil a déserté notre camp pour laisser place à la peur. Malgré l'épuisement qui creuse nos corps et nos esprits, pas un de nous trois ne ferme l'œil. Cet électrochoc installe une tension incroyable. Nos regards se croisent dans la pénombre de la tente, muets témoignages de cette fraternité nouvelle que seule forge l'adversité.
Jérémie, dont j'ai souligné parfois l'insouciance citadine, arbore désormais sur son visage la gravité des hommes qui savent que la vie n'est qu'un fil tendu au-dessus du néant et que le point de bascule peut être l'instant prochain. Dans ses yeux clairs, je perçois sa reconnaissance silencieuse pour la vigilance. Il comprend enfin que cette

expédition n'est pas qu'une aventure à filmer mais un jeu face à la mort et un défi permanent pour faire triompher la vie.

L'électrochoc de notre rencontre avec l'ours a transformé notre trio. Le danger, ce grand révélateur, a mis à nu nos âmes et nos faiblesses. Nathanaël s'est replié dans un mutisme, ne s'expliquant pas comment son sommeil a pu l'empêcher de vivre la terreur de l'animal qui se confrontait à nous.
Entre Jérémie et moi, quelque chose de nouveau semble s'être tissé : une alliance tacite d'hommes qui ont regardé ensemble, un court instant, le sort leur faire face.

Je déduirai plus tard, sans jugement, que les piquets plantés pour installer le périmètre de sécurité avaient été trop légèrement enfoncés.
C'est aussi ce type d'évènements qui rapprochent de cette hyperconscience que j'ai pu expérimenter lors de mes grands moments de solitudes et dont je lui avais parlé.
Le message est de nouveau limpide, inutile de parler. Il sait.

Dès le lendemain, nous reprenons notre avancée. Une gravité palpable s'est installée entre nous. On ne parlait déjà pas beaucoup, désormais on fait silence, tous nos sens en alerte, prêts à détecter le moindre indice dans ce monde blanc qui réserve d'incroyables pièges.

Nos corps se sont accordés, avançant au même rythme. L'heure semblait grave.

Jérémie voulait des images et de l'extrême ?
La nature est le meilleur scénariste de cette aventure !
Tout semble arriver pour nourrir son appétit sur un plateau glacé.
Au petit matin arrive un *whiteout*, un brouillard extrêmement épais, blanc et laiteux, qui crée une illusion d'optique atmosphérique où ciel et terre se fondent dans un même néant. Si ce linceul nous tombe dessus, nous serons contraints à nouveau de poser le camp car, dans ces conditions, la visibilité se réduit à moins d'un mètre. À tout instant, l'un de nous peut disparaître sans que l'on s'en aperçoive ou, pire encore, un ours peut nous dévorer sans qu'on l'ait vu arriver… Dans cette purée de pois polaire, nous ne sommes plus des explorateurs, mais des proies aveugles.
En sortant du camp, 50 mètres à peine de là où nous étions stationnés, nous découvrons des traces d'ours partout et des trous d'un mètre trente de diamètre : signes funestes d'un ours affamé qui cherche partout de quoi se nourrir, fracture la banquise de toute sa force pour tenter d'attraper des phoques.
Je préviens Jérémie et Nathanaël : l'heure est grave car sans visibilité, avec des bêtes affamées autour de nous, capables de nous flairer à plusieurs centaines de mètres,

nous avons peu de chance de sortir de ce labyrinthe. Nous avons beaucoup de chance d'avoir évité le pire hier soir mais là, il n'y a plus de place pour écouter ses peines et ses souffrances. Il faut accélérer. Nous devons avancer avant que le *whiteout* nous piège, pour éviter d'être une proie pour les prédateurs. Nous traçons comme des mules pendant plus de dix heures.

Dans mon geste quasi instinctif de brandir le fusil et de tirer sur l'ours, un débris de balle semble s'être logé dans mon œil… À moins que ce ne soit une ophtalmie des neiges. Quoi qu'il en soit, je suis en train de perdre graduellement la vision de mon œil gauche. Ma vue se dégrade d'heure en heure mais je n'ai pas le temps de m'en préoccuper. Prendre soin de soi est un luxe qui n'existe pas dans les milieux extrêmes.
Je continue de guider avec un seul œil, restant en alerte constante, observant le monde à 360 degrés pour m'assurer que rien ne surgisse.

Au bout du septième jour, nous découvrons que des empreintes de loups fraîches ont remplacé celles des ours. Nous comprenons intuitivement que nous ne sommes toujours pas seuls.
Le jour suivant, enfin, le temps s'est calmé, comme si la nature nous accordait une trêve. Il fait bon et nous progressons en ayant déposé notre stress en chemin.

Nous commençons à souffler. L'air est doux, la lumière incroyable, et la chaleur, prémisse des beaux jours que nous tentons de prendre de vitesse, nous offre une parenthèse de sérénité. Nous avons bien conscience de ce à quoi nous venons d'échapper, et la route est encore longue avant de franchir la ligne d'arrivée que nous nous sommes fixée. Mais nous savons reconnaître désormais la magie du monde et la saluer : au milieu de notre enfer blanc, dans ce royaume de solitude et de silence, nous nous arrêtons, nous mettons un peu de musique, préparons un repas lyophilisé – summum de la gastronomie en expédition – et nous nous mettons à danser, à rire, à chanter. Instant magistral qui fête la vie dans ce qu'elle a de plus intense et fragile.

20.

20.

PIRATE UN JOUR, PIRATE TOUJOURS

J'ai perdu cent pour cent de la vue de mon œil gauche lorsque nous entamons notre dernière étape. Un néant a remplacé la moitié de mon champ de vision, comme si la moitié du monde avait cessé d'exister. C'est avec cette infirmité nouvelle que je dois assurer notre survie. Pas d'autre choix que de gérer la sécurité en étant diminué.

Ce rôle est mien, c'est à moi de continuellement regarder, scruter, envisager en plus d'ouvrir la trace pour tous.

Malgré cela, notre dernière étape est magique.
La nature sauvage, dans une indifférence sublime, déploie sous nos yeux ces incroyables décors de glace aux couleurs mouvantes. La banquise craque sous nos pas comme un plancher d'église… Encore plusieurs jours intenses. Nous sommes Jérémie et moi en totale symbiose, deux corps aux mécaniques accordées, avançant au même rythme, partageant le même souffle. Nos silences sont éloquents, nos gestes économes et précis.
La vie et toute son énergie a repris sa place arrachée avec force à nos démons respectifs. Nous avons la certitude d'être entendus par ceux pour qui nous sommes là :
Jérémie parle à Gaspard.
Je parle à mon père.
Nous vivons une extase quasi mystique qui nous offre une forme d'instant de grâce. La voie des éléments vaut tous les sermons et c'est dans l'adversité que les hommes trouvent leur véritable nature – souvent médiocre, parfois grandiose. Ces derniers jours sonnent comme une récompense et désormais nous savons tous les deux que rien n'effacera ce que nous avons vécu ensemble sur le grand blanc.
Ensemble, nous avons redécouvert l'essentiel.
Au fond de nous s'inscrit la conviction d'avoir scellé notre amitié à jamais grâce à l'intensité que nous avons mise

dans nos actes depuis le départ de notre expédition… Ce sentiment partagé est une immense puissance qui nous permet de comprendre à quel point l'intensité que nous mettons dans nos actes nous permet de savourer la vie dans ce qu'elle a de plus fort et de plus subtil.
Jérémie pleure en regardant le ciel, épuisé, à bout, mais en ayant l'intime conviction d'être à sa place.

Pour autant, le corps n'est pas exempté des difficultés que lui impose la marche et rappelle constamment ses limites. C'est les pieds en sang qu'il se bat contre ses propres souffrances, ses démons, pour en finir enfin.
Une fois de plus, l'ascension impérieuse des températures ne nous laisse pas le choix. Il faut avancer vite. Les conditions climatiques nous ont d'ores et déjà obligés à mettre fin à notre expédition plus tôt que prévu.
Plus qu'une seule nuit, et nous serons arrivés.
Nous partirons à 4 heures du matin pour nous assurer une bonne route.

Juste avant d'atteindre le dernier village que nous nous sommes fixés, nous échangeons un regard avec Jérémie et nous comprenons tout ce que nous avons réussi à conquérir tous les deux.
Cette symbolique d'achever ensemble cette aventure prend une dimension extraordinaire et nous confirme que nous sommes connectés pour l'éternité. Les derniers

mètres ne sont pas anodins : ils contiennent tous les autres. C'est en les parcourant que nous comprenons que cette aventure n'a pas été une fuite en avant mais un retour à l'essentiel.

Pour moi c'est la libération. Toute cette merde, cette souffrance, ces discordes, cet épuisement, ces 77 jours.
C'est enfin terminé !

Chloé nous a rejoints sur la ligne d'arrivée, sans doute exténuée elle aussi par les montagnes russes qu'elle a traversées depuis presque quatre-vingt-dix jours. Les frictions entre les équipes, le budget à tenir, les inquiétudes et les peurs me concernant, les informations compliquées à obtenir…

Malgré tout, la joie de se retrouver explose.
Les tensions lâchent, les sourires envahissent les visages. Comme pour chaque expédition, là où l'on pourrait croire que l'on n'a qu'une hâte, c'est de sauter dans un avion pour revenir chez soi, auprès des siens, le mécanisme est totalement différent. Non que nos proches ne nous manquent pas, bien au contraire. Mais nous avons besoin d'une phase de décompression, comme les plongeurs, pour revenir en surface et amortir le choc du retour à la civilisation, aux préoccupations du quotidien.
Aussi, nous décidons de rester encore quelques jours. Il faut de toute manière refaire des images, filmer les eaux

ouvertes que je m'étais évertué à éviter, celles-ci mêmes qui nous avaient empêchés d'aller au bout de notre itinéraire. Le peu de recul que nous arrivons à prendre désormais nous offre un constat terrible : ici, tout est beau et à la fois absolument tragique.

Arrive enfin, ce jour où nous devons quitter ces contrées profondes, cette vie de blanc, de froid, de difficulté.
Nous prenons un premier avion pour Yellowknife dans le territoire du Grand Nord canadien, où nous allons rester tous ensemble dix jours.
Maud vient me rejoindre après trois longs mois d'absence. Jérémie, Benjamin, Fabien, Nathanaël, Arnaud, Chloé, Maud et moi sommes réunis pour un dernier adieu. Ces moments sont terribles, vécus dans une humilité profonde mais gorgés d'une grande tristesse, comme un corps qui se démembre.
C'est doucement le retour à une forme de civilisation. Les restaurants, les douches chaudes, le confort d'une maison, les taxis… Le nouveau rythme que nous connaissons bien et que l'aventure nous avait permis de fuir revient planter son décor dans nos vies.

Dans ce cadre perdu au bout du monde, Jérémie arrive à trouver une bouteille de champagne, et pas n'importe laquelle : celle que son ami Gaspard affectionnait particulièrement.

Une bouteille de Billecart Salmon.
Nous levons nos verres, trinquons tous ensemble, les yeux brillants de fatigue et d'émotions merveilleuses.
Jérémie clôture sans nul doute ce deuil interminable, ayant offert à son ami la plus belle façon de se connecter à lui et d'affronter le monde inconnu de l'extrême pour vivre cet adieu.
« Merci Gaspard de m'avoir accompagné jusqu'ici. Je peux enfin te dire au revoir comme je l'aurais voulu »

À mon tour à présent de me préparer à l'étape cruciale de la mort de mon père, maintenant que Jérémie m'a partagé une incroyable master class, livrant l'incarnation de la douleur et de la souffrance à mes yeux déchirés de tristesse.
J'entrais en scène pour ce rôle qui, je le savais, allait me fracasser.

21.

L'ENFER, LE VRAI

R 21. L'E

« J'accepte que mes enfants décident d'une fin certaine quand je ne serai plus en capacité de l'exprimer ».

Mon père a toujours été de ce type d'hommes pour qui les émotions sont des faiblesses à dissimuler, des territoires jamais cartographiés. Nous avançons doucement dans cette terra incognita mais nous avons cruellement besoin de savoir ! Que souhaite-t-il ?

Comment envisageait-il ses derniers jours qui sans doute ont déjà commencé ? Il n'y a pas de place pour les détours : ce moment, nous l'avons déjà traversé avant que je ne

parte en expédition. »
Parler malgré tout et ouvrir le grand débat en lui demandant ce qu'il attend de nous et poser sur une dernière page blanche ce qui lui semble essentiel.

« Je souhaiterais que mes enfants respectent ces trois dernières volontés :

- Je ne veux pas mourir à l'hôpital.
- Je veux une grande fête pour veiller mon corps après ma disparition.
- Et dans la mesure du possible, je veux pouvoir choisir le moment où je vais fermer les yeux, définitivement ».

Ces mots jetés en pâture, secs comme des branches mortes, résonnent encore en nous trois avec la force d'un serment. Mes frères et moi, malgré nos différends, et la relation compliquée, – semblables à ces chemins de montagne escarpés, dangereux et parfois impraticables – que nous avons pu avoir avec notre père, avons conscience que dans ces situations, nous réagissons comme des soldats :
nous avons tous parfaitement compris l'ordre de mission.

Juin s'installe, et avec lui cette réunion funeste dans une maison louée au Cap-Ferret où nous nous retrouvons tous – mes frères, mes filles, ma fiancée et quelques proches. Au centre de cette constellation, mon père est très affaibli. La porte est ouverte à ceux qui veulent passer le voir, une

dernière fois sans doute.
J'ai bien conscience que mon absence égoïste m'a protégé du spectacle terrible de la santé dégradée de mon père. J'ai eu des nouvelles, suivi tout ce qu'il était possible pour moi de suivre mais, malgré tout, je n'étais pas là et je reviens avec une sorte d'énergie intacte qui m'offre le cadeau de prendre en main cette dernière étape de vie de famille au sens large.

À ce moment, nous vivons au rythme des médecins et des infirmières qui défilent comme des corbeaux en blouse blanche, des traitements qui se succèdent et qui échouent les uns après les autres. Lucides et impuissants, nous saisissons les miettes de vie que la maladie consent encore à nous laisser, conscients que l'horloge tourne et que le sable s'écoule avec la précision d'un bourreau. À chaque instant, nous entrons plus encore dans une dimension qui va nous emmener vers le drame.

Mais la vie est encore là, balbutiante. Mon frère Simon avait eu la responsabilité de s'occuper de lui au quotidien et de mon côté, mon père m'avait chargé de l'accompagner pour rendre une dernière visite à ses amis. Dans un élan de conscience devant l'urgence de la situation, je décide d'acheter un véhicule confortable et de l'emmener les voir un par un pour qu'il puisse leur dire au revoir une dernière fois et conclure sa vie sans regret ni nostalgie.

Bien entendu, ces moments sont extrêmement puissants. Je réalise la difficulté de ces rencontres et à quel point elles sont bouleversantes pour tout le monde. Je comprends également la vie de cet homme, à travers les personnes qu'il souhaite voir, celles qui acceptent et celles qui s'effacent et je suis surpris de découvrir des pans entiers de sa vie que j'ignorais totalement. La vie ne cesse de trouver des ressources pour m'étonner.

Et puis nous sommes repartis, soulagés d'avoir pu réaliser cette dernière tournée, l'ayant rendue aussi digne et heureuse que possible, savourant chaque moment que nous vivions ensemble.

Notre seule ambition n'est pourtant pas de célébrer la mort, mais de saluer la vie qui s'accroche encore en lui. Concernant ses trois demandes, une seule ne s'accorde pas à ma vision de cette fin.
Je souhaite qu'il accepte cette ultime réunion, ce rassemblement de tous avant qu'il ne s'en aille, de son vivant et non d'en faire une veillée mortuaire. J'ai cette incroyable intuition sauvage, presque animale, que cela allait permettre à mon père, cet homme de pierre qui n'avait jamais plié, de tenir encore un peu et de connaître des moments de plénitude et de réconciliation, ultime lucidité des mourants qui voient soudain le monde tel qu'il est vraiment : nu, brutal, essentiel.

Il accepte.
À peine son accord reçu, nous appelons tout le monde, la famille au sens large, ses amis proches ou moins proches dans la France entière. Ultimes signaux de détresse, nos appels semblent des hameçons qui accrochent les consciences. Nous leur décrivons sans fard la situation, cette course contre la montre, le drame, l'ultime vœu de notre père et nous leur demandons de venir. Dès cet instant, nous voyons se déployer un élan incroyable de soutien, de générosité et de bienveillance qui nous laisse sans voix, nous qui avons trop souvent douté de la bonté humaine.

Ces jours-là sont une fois encore tragiquement beaux. Les silhouettes que nous avions croisées une ou deux fois dans nos vies défilent devant nous pour faire revivre à mon père quelques images d'un temps heureux. Les sourires, les rires parfois, et les poings serrés pour ne jamais craquer devant mon père. Ces instants sont d'une dignité ineffable. Le passé semble soudain n'avoir jamais eu autant d'importance, comme si le destin imminent de mon père était nettoyé de ses maladresses.

La mort rôde dans la maison. Mes filles pleurent sans répit. Inconsolables, la vie leur livre les plus grandes douleurs alors qu'elles n'ont pas même conscience du miracle de l'existence. Elles posent mille questions, comprennent

soudain l'éphémère en voyant la meute que nous sommes se rassembler sans autres propos que de fêter la vie d'un homme qui s'en va.
Deux cent cinquante personnes venues faire leurs adieux à un homme encore vivant… Quelle absurdité monumentale ! Et pourtant, une grâce indicible se dégage de ces instants.

Je prends les rênes de cette cérémonie.
Mes discours sont des ponts tendus entre le passé et ce présent qui se désagrège.
Remerciements, gratitude…
Ces mots usés retrouvent ici toute leur puissance originelle.
J'ai connu des épuisements physiques, psychologiques sur les chemins du monde. Mais cette expédition activait des leviers que je ne connaissais pas, puisait dans une énergie qui ne ressemblait à aucune autre.
Nous étions tous autour de mon père à célébrer la vie, la sienne bien sûr, mais la nôtre aussi qui soudain prenait une consistance particulière, pesait de tout son poids pour imprimer en nous la conscience de cette réalité.
Chaque seconde était savourée, vécue, saluée.
Le lien familial était plus dense que jamais, comme une armure qui plus que jamais se révélait indestructible.

Le 3 juillet sonne comme un glas.
Le corps renonce à son tour.

Nous comprenons que le moment est arrivé : tout est aligné pour que la vie le quitte. Les médecins nous avaient avertis du dysfonctionnement de son appareil digestif qui l'empêcherait désormais de se nourrir.

Un dernier éclair de lucidité de notre paternel tant aimé nous demande de rassembler tous ses frères et sœurs pour un dernier banquet.
Nous savons qu'un repas le condamnerait, ultime poids qui ferait rompre le fil.
Nous nous rassemblons autour de lui comme des sentinelles.
Les mots viennent, difficiles mais clairs, arrachés à nos gorges serrées.

« Padré, le grand moment est arrivé ».
Phrase terrible dans sa simplicité, qui fend comme une lame le peu d'air qu'il nous reste.
À cet instant précis, mon père connaît une de ces fulgurances qui précèdent souvent le grand départ, comme si la vie avant de s'éteindre offrait une dernière flambée éclatante.

Son regard nous traverse.
« Non, pas déjà. »
Le doute nous foudroie…
Malgré cela, nous lui proposons d'organiser ce grand

repas. Moment terrible puisque nous comprenons que celui-ci est le dernier, scellant une mort annoncée. Nous le savons et il le sait également.

Pour lui éviter toute souffrance, nous entamons dès cet instant l'accompagnement que nous avions prévu afin qu'il puisse s'éteindre sereinement.
Mes frères et moi, complices de ce dernier acte de délivrance, nous mourrons déjà un peu avec lui…
Personne n'en saura jamais rien.
S'ouvre alors une parenthèse hors du temps, où la vie s'accroche et nous offre une succession de moments d'une puissance quasi tellurique. Les heures s'étirent, brouillant les pistes du jour et de la nuit, nous plongeant tous dans cet entre-deux vertigineux, savourant le meilleur tout en encaissant stoïquement le pire.
Pas un seul instant mon père n'est abandonné à sa solitude : ses 6 frères et sœurs se relaient à son chevet, et nous tous qui profitons de chaque instant pour lui confirmer notre amour. Nous passons tour à tour auprès de lui des moments insensés pour cette dernière nuit, aussi beaux que dramatiques, serrant nos larmes au fond de notre gorge, effrayés par la douleur qui nous saisit. Les souvenirs se percutent, chacun de nous évoque les moments qui donnent du sens à sa présence et à sa peine. Qui n'a jamais aimé ne peut comprendre l'urgence à retenir le meilleur de ceux qui partent.

retenir
le meilleur de
ceux qui

NT. PARTENT. PAR

Le clan se resserre, les yeux sont gonflés d'avoir trop pleuré ou de retenir les larmes qu'il reste à libérer.
Le temps est lourd. Notre présence obstinée et notre résistance face à l'inéluctable sont sans faille. Les heures se succèdent. Étouffantes. Nous sommes là, tous ensemble et c'est peut-être ce qui compte vraiment dans ce monde qui fait si peu de cadeaux aux hommes qui s'aiment sans savoir se le dire.

Plusieurs heures plus tard, nous ne comprenons rien.
Mon père n'en finit pas de mourir et nous nous retrouvons dans une situation hors de contrôle : mon père tient le coup, résiste aux prédictions des médecins, faisant fi du destin.
La nuit s'étire dans des souffrances terribles, des spasmes et des étouffements effrayants lui faisant vivre précisément tout ce que nous souhaitions éviter…
Mon frère Simon devient fou devant le spectacle de la mort qui prend ses marques et de la vie qui a baissé les bras.

Alors on fait quoi ?
Une nouvelle fois, nos consciences sont appelées à la barre. Personne ne peut porter la responsabilité d'agir même si nous vivons l'insupportable. Nous n'avons plus le choix. Nous qui avions promis de l'aider à rester à la maison pour vivre ces derniers instants, nous devons le transporter à l'hôpital.

Les médecins nous aident à trouver le service prêt à l'accueillir. La tension monte.
Et soudain, l'infirmière qui s'occupe de lui nous alerte : il est en train de partir. Le temps d'être tout près de lui et de lui prendre la main, sa respiration s'éteint.
« Adios Padre. »
Ce seront mes derniers mots.

C'est fini.
Nous ne disons rien à personne et deux jours plus tard nous annonçons officiellement :

« Gilbert Lagardère nous a quittés le 4 juillet 2023, entouré de ses fils et selon ses volontés. »

22.

LA VIE D'APRÈS

Une nouvelle phase de vie commence. J'ai des flashs, je fais des cauchemars, des crises d'angoisse…
J'ai l'impression d'avoir tué mon père.
Les événements s'enchaînent à une vitesse exponentielle.
Je dois me remettre sur pied coûte que coûte.
Maud est ma force dans ce terrible passage de vie dont on ne connaît la durée. Elle est ma lumière, mon partenaire, mon phare dans cette pénombre. Elle qui a vécu cette lame de fond, peut attester de ce qui lui a fait mal après coup, de ce qui lui a manqué, de ce qu'elle aurait aimé que

quelqu'un lui dise, ou lui donne comme conseil. Elle avait 20 ans quand sa mère est décédée. Avec sa sœur, elles l'ont accompagnée jusqu'à son dernier souffle.
Je ne me rappelle que très peu de sa mère qui a fait quelques apparitions dans notre vie d'adolescent.
Maud a été un soutien sans faille pour la préparation de mon expédition. Force de l'ombre derrière moi, elle m'a permis de survivre face à la tempête terrassante que représente la maladie de mon père. Je suis ses traces, aveuglé par cette douleur qu'elle connaît bien.
Dans notre malheur commun de perdre un parent, c'est grâce à elle que j'ai eu la force de construire des souvenirs avec mon père.

Elle ne le sait pas, et peut-être un jour comprendra-t-elle tout ce qu'elle m'a apporté, l'impact qu'elle a eu sur moi non seulement par sa force exemplaire mais aussi sa faculté à me guider intuitivement dans ce moment de désespoir.

L'été défile.
Dès la rentrée, je fais la promotion de mon livre *Résilience, abandonner n'est pas une option*, et du documentaire du même nom diffusé au Grand Rex.
Standing ovation devant notre film qui a saisi plus de 2 500 personnes, debouts en train de nous applaudir devant tant d'efforts et de prouesse.
Folle ironie que d'avoir accompagné pendant trois ans une

personne tétraplégique aux quatre coins du monde pour lui faire vivre des expéditions hors du commun et d'être félicité pour cela. Tout cela me paraissait bien simple à traverser…

Surtout après le décès de mon père.

Après cette parenthèse parisienne qui m'avait ramené aux rivages de la civilisation, je portais en moi un projet qui me passionnait plus sûrement que toutes mes expéditions polaires : emmener Maud en Polynésie, là où l'océan épouse le ciel, pour lui offrir ma vie entière dans un écrin de lagons turquoise.

Quel jeu du destin que de devoir célébrer l'amour dans l'ombre encore chaude de la mort ! Mais c'est ainsi que bat le cœur de l'existence : un jour l'on côtoie le néant glacé, le lendemain on s'agenouille devant la beauté du monde incarnée dans le regard d'une femme.

L'aventurier que j'étais, habitué à affronter l'hostilité des éléments, découvrait une forme inédite de vulnérabilité. Car planifier une expédition polaire relève de la logistique pure – on calcule, on anticipe, on dompte l'inconnu par la préparation. Mais orchestrer la surprise parfaite pour celle qui fait battre votre cœur à cent à l'heure ? Voilà un territoire inexploré, une *terra incognita* autrement périlleuse que les dangers du Grand Nord.

Chaque détail devenait une montagne à gravir : concevoir cette bague qui disait tout de mes sentiments, tracer l'itinéraire de trente jours d'émerveillement sans qu'un seul indice filtre, maintenir le mystère intact quand chaque fibre de mon âme voulait tout lui confesser.
La pression psychologique était immense. Moi qui avais appris à maîtriser la peur face aux tempêtes, je tremblais à l'idée qu'un détail puisse gâcher la perfection de cet instant rêvé.
Car l'homme d'aventure, sous ses airs de conquérant des impossibles, cache souvent une âme d'une infinie tendresse. Nous qui défions les éléments ne savons plus comment apprivoiser un simple battement de cœur. Nous qui calculons nos chances de survie face au blizzard perdons tous nos repères devant un sourire de femme.
Pourtant, ce fut l'un des plus beaux moments de ma courte vie. Mettre un genou à terre sous les étoiles du Pacifique, sentir la chaleur du sable, lever les yeux vers cette femme qui portait en elle vingt années de mes rêves les plus secrets, et lui promettre mon amour éternel… Cet instant restera gravé en moi plus profondément que toutes les cicatrices laissées par mes expéditions.

Le 21 octobre 2023, Maud Dorothée Larquier devient ma fiancée. Et avec elle, l'aventurier découvre que la plus belle conquête n'est pas géographique.
Car notre histoire remonte aux sources de ma jeunesse.

Après nos seize ans, la vie nous avait séparés comme deux icebergs emportés par des courants contraires. Mais pendant plus de dix ans, où qu'elle fût dans le monde, je la retrouvais. J'interrompais mes expéditions, je traversais les continents, je franchissais les océans pour quelques heures volées où je pouvais lui confirmer encore et encore que je l'aimais.

Cette obstination, je le sais, relevait de la pathologie amoureuse. L'aventurier rationnel en moi savait qu'il fallait lâcher prise, accepter l'évidence. Mais l'homme épris vivait dans l'espoir insensé que les vents finiraient par nous ramener l'un vers l'autre. Chaque année ce pèlerinage amoureux recommençait, comme un rituel secret, comme une prière lancée vers l'impossible.

Jusqu'au jour où j'ai compris que je devais avancer, sans elle.

J'ai rencontré par la suite la mère de mes enfants, et pendant dix ans, j'ai bâti une relation, une famille, avec la conscience douloureuse de porter en moi cette absence. Car on n'oublie jamais son premier amour. Il vous accompagne comme une boussole déréglée, comme un nord magnétique qui perturbe toutes les autres directions de votre existence. Maud habitait mes silences, mes contemplations, face aux aurores boréales, mes moments de solitude absolue sur la banquise. Elle était là, présente dans chaque souffle, dans chaque battement de cœur qui

refusait de l'oublier.
Le jour où nos regards se sont à nouveau croisés, nos mondes respectifs se sont arrêtés. Vingt années d'errance venaient de s'achever d'un coup. L'aventurier qui avait parcouru les déserts et les pôles découvrait qu'il n'avait jamais cessé de chercher le chemin qui le menait à elle.

En novembre 2023, plus de vingt années sont passées, mais le temps n'avait été qu'une parenthèse. Maud Dorothée Larquier et moi scellions notre amour dans un engagement réaffirmé.
Le temps reprend ses droits et la vie son chemin.
Un mois plus tard, je passe le premier de l'an avec Jérémie, nos femmes et enfants respectifs pour me défaire de cette année fatidique.
Une façon très symbolique de clore ce chapitre qui s'est imposé comme un virage dans ma vie et dans la sienne bien sûr.
Je termine ce marathon 2023 épuisé, assiégé par les fantômes mais convaincu que la nouvelle année m'apportera de quoi réamorcer une énergie nouvelle et salvatrice.

Et en effet, 2024 pointe son nez avec des projets passionnants : *The Island* avec M6, des projets d'expéditions, des expérimentations de protocoles de sécurité… Et toujours, en toile de fond, Arctic Mission avec le film de Jérémie qui se prépare dans l'antre de la société de production.

Lui son film de réalité-fiction cinématographique, moi mon documentaire. Chacun son œuvre et chacun sa vision de l'histoire qu'il a vécue.

De mon côté, les choses avancent : le travail prend forme, ce qui rassure mes sponsors qui attendent les contreparties concrètes pour les sommes qu'ils m'ont accordées avant mon départ.
Cette expédition ne me quitte pas.

Bien que terminée, elle continue de hanter mes jours et mes nuits, donnant une cadence folle à mon quotidien.
Jour après jour, nuit après nuit, ces soixante-dix-sept jours de tourmente et de violence reviennent sans cesse comme un refrain dont on a du mal à se défaire. Jérémie et moi ne cessons d'échanger autour de son film et en avril 2024, il me demande de le rejoindre en Belgique pour une première projection.
L'écran révèle l'écho majestueux de notre périple : tout est beau, tout est magnifique !
On y retrouve les doutes, les parallèles qu'il a faits, la musique puissante qu'il a composée pour son film, hymne incroyable à la résilience et à la puissance du monde.
C'est toute l'histoire de Jérémie, toute entière tournée vers lui, n'ayant comme focus que sa détresse au milieu de cette expédition dans un monde isolé.

soixante-dix-sept
jours de tourmente
et de

NCE. VIOLENCE. VIC

Malgré tout, je découvre Arctic Mission à travers le prisme de Jérémie : tout prend soudain une nouvelle dimension. Les révélations sont infinies… La pudeur et les cris étouffés, la douleur et la renaissance, l'envie de fuir au moment même où la vie lui révèle une facette de lui-même qu'il ignorait jusque-là…
L'année déjà m'écrase de son poids.
À peine rentré, me voilà projeté dans les starting-blocks d'un nouveau départ. Mai, juin, juillet, je me consacre entièrement à mes camps d'entraînements pour préparer une expédition à 7 000 mètres au Népal qui doit avoir lieu en septembre 2024. Une ascension à cette altitude demande de gros entraînements, et une forme physique irréprochable. Le dernier jour de cet entraînement, je fais une mauvaise chute à vélo et bizarrement, je me relève difficilement.

Émotions post-traumatiques ? Vraie chute grave ?
Est-ce le corps qui cède ou l'esprit qui refuse la suite de ce programme ?
Cinq heures du matin.
Les urgences de Biarritz. Néons blafards. Odeur de désinfectant.
Environnement stérile que je déteste, aux antipodes des grands espaces sauvages où j'ai l'habitude de risquer ma vie. Je me connais par cœur, cette mécanique corporelle

que j'ai poussée dans ses limites sur tous les continents. Quelque chose cloche dans ce moteur trop sollicité.

Deux jours plus tard, après avoir imposé des examens à un corps médical réticent – ils ne comprennent pas l'urgence de mon départ imminent – le médecin me convoque l'air grave.

« Vous avez un anévrisme antérieur cérébral droit.
Ne comptez pas une seconde partir en expédition à 7 000 mètres.
Si vous partez au Pakistan, vous mourrez. »

La sentence tombe, violente.
Une fois de plus, le destin ne se contente pas de demi-mesures.
Il frappe à coups de hache, pas de scalpel.

Du jour au lendemain, je n'ai pas d'autre choix : j'annule tout, ce qui implique une perte financière conséquente et ma crédibilité fragilisée auprès des sponsors.
Je dois vite passer une IRM et naît en moi la sensation qu'éventuellement, je peux ne pas me réveiller. Je suis un homme ordinaire, contraint par le corps, soumis aux lois de la vulnérabilité commune.
Depuis la mort de mon père, j'ai compris que le corps peut défaillir, lâcher sans prévenir, dire non à la suite de

l'aventure. La vie est une étourdie qui peut changer de cap en un instant. L'histoire de Martin Petit l'illustre en tous points : vous êtes avec des amis, vous plongez et hop C5/C6, vous ne marchez plus.
La vie bascule parfois entre deux respirations.

J'ai longtemps cru que cette arrogance de la vie ne me concernait pas, que j'avais jusque-là réussi à slalomer au-delà des pièges, des leçons divines ou autres manifestations karmiques dont certains étaient victimes. J'avais pris tous les risques et la vie, magnanime ou distraite, ne m'avait jamais véritablement tiré par l'oreille, jamais signifié mon sursis à ce jeu d'équilibriste.

Nous sommes en juillet 2024.
Impossible d'obtenir un rendez-vous médical en urgence.
Plus de quarante-cinq jours plus tard, je parviens enfin à faire cet examen qui me hante.
Verdict du neurologue : je n'ai rien.
L'urgentiste s'est trompé, a confondu ombre et matière sur l'écran des certitudes.
Une bonne nouvelle qui me met en rage bien que je prenne cela comme un signe, une injonction muette à replacer les priorités de ma vie dans le bon ordre.
Ne pas précipiter les événements qui demandent du temps.
Pour la première fois depuis des années, mon équilibre flanche. Cet épisode, en plus de me glacer le sang, a éloigné

les projets possibles. Le tempo de la nature est souverain et je n'ai d'autre choix que de m'y soumettre une nouvelle fois. Les mois s'accumulent sans départ, sans nouvel horizon. J'ai pourtant ce besoin viscéral de partir car c'est dans ces moments-là que je construis ma vie, que je prends la distance nécessaire pour lire chaque chapitre de mon existence.

Je prends conscience de mon corps avec une acuité nouvelle, suis à l'écoute, scrutant ses hésitations et ses failles. Je sais désormais qu'il peut se soustraire brutalement à l'envie que l'on a de vivre intensément chaque instant. Je me sens comme étrangement dissocié, observant mon organisme comme une mécanique de précision complexe qui exige soudain une attention singulière. Attention que je lui ai rarement accordée jusque-là, trop occupé à l'utiliser comme un outil au service de mes ambitions extrêmes.

L'avertissement a claqué comme un coup de feu. J'ai bien saisi la mise en garde cynique qui vous place l'espace d'un instant face à votre propre fin. Cette hypothèse redessine les contours mêmes de l'existence, taille à vif dans la chair des certitudes.

La vie prend soudain une saveur âcre et mordante, dans laquelle l'éphémère se conjugue avec la densité de chaque jour et devient une donnée tangible.

Me voilà cloué à la maison, tous les jours, enchaîné au quotidien que j'ai toujours fui… La routine familiale m'écrase de tout son poids. Je paie le prix fort de mes absences. Tout cela est très dur pour moi. Je me sens condamné à vivre précisément ce que mes expéditions me permettaient d'éviter, cette vie ordinaire qui me demande paradoxalement bien plus d'énergie.

C'est un fait : Arctic Mission ne cesse de m'habiter…

Fin 2024, dans un sursaut de vitalité, avec mon sponsor Therm-ic nous décidons d'organiser une gigantesque projection privée réunissant quatre cents personnes.
Je renoue avec la production de Jérémie pour leur montrer mon travail, estompant les doutes et renouant avec l'origine de notre lien : la création artistique, merveilleux antidote à la discorde et aux doutes.
J'annonce également le projet de ce livre.
Le temps recommence à se charger de projets, donnant du poids et de la consistance aux jours qui viennent.
La promotion de mon documentaire, loin d'être le récit sportif d'un explorateur, est l'histoire d'un deuil, une confidence intime que je partage pour la première fois et dans laquelle je me découvre. La banquise avait su m'apprendre que sous l'apparente immobilité blanche, tout se fissure et se recompose sans cesse.
Après la mort de mon père, la vie avait repris sans me consulter. Je ne commandais plus rien. J'avançais, mû

par une force obscure, un instinct brut, sans nom. Cette période fut comme un rêve éveillé, une dérive silencieuse dans un paysage intérieur gelé. J'avais l'impression de flotter dans ma propre existence, de n'être plus que le spectateur d'un film sans scénario.

Le froid de l'Arctique m'avait déchiré les chairs, le silence m'avait labouré l'âme. J'avais cru mourir mille fois. Pire : j'avais frôlé cette extinction plus sourde, celle où l'on cesse de ressentir quoi que ce soit. Pourtant, paradoxalement, de ce néant naissait une énergie nouvelle. Les jours s'enchaînaient sans logique et dans cette mécanique obscure, j'avançais.

Le monde décidait pour moi. Ces événements, petits ou immenses, s'imbriquaient dans un rythme que je ne comprenais pas mais qui me portait. Je me laissais faire. Et ce lâcher-prise, loin d'être une faiblesse, me tenait debout.

La douleur du deuil se mêlait à la beauté du monde.

J'apprenais que la vie, quand elle se dépouille de tout, laisse apparaître ce qu'elle a de plus vrai. Je n'étais plus le maître de mon sort, mais simplement un homme vivant – et cela, contre toute attente, suffisait.

Après la mort
de mon père,
la vie avait repris
sans me consulter.
Je ne commandais plus
rien. J'avançais, mû par
une force obscure,
un instinct brut,
sans

OM. NOM. NOM

23.

23.

CLAP DE FIN

Début 2025, il est temps de se faire un peu violence en repartant pour le Canada avec mon ami Mathieu Blanchard afin de participer à la Yukon Arctic Ultra. Une course de 600 km en autonomie durant laquelle je vais avancer en tirant une pulka ultra lourde. Un défi qui s'approche plus de l'entraînement que de l'expédition en vue de préparer mon prochain défi.
Mais une nouvelle fois, avant de partir, comme pour me rappeler la fragilité de la vie, la mort refait surface : ma grand-mère maternelle vient de décéder…

ARC
TIC
MI SSION

Ma famille et moi l'accompagnons dans ce dessin de l'autre vie, si familier ces dernières années pour notre clan. Nous sommes la veille du départ pour ma course, encore une fois, je ne dirai rien à ce sujet mais ce cycle de deuil interminable doit s'arrêter.

Trois années, un triptyque d'instantanés, un point de bascule dans l'éternel mouvement de la vie.
Pourquoi ai-je choisi cette aventure, alors que l'horizon semblait semé d'embûches ? Depuis longtemps cette expédition trônait dans mes rêves et chaque jour depuis était un nouveau défi : financer, convaincre, s'engager.
Le refuge dangereux que j'avais construit avec mes départs dans la nature extrême était devenu un confessionnal et l'immensité glacée était mon interlocutrice silencieuse.

On n'imagine pas à quel point la nature nous transforme, nous accompagne et nous apprend à vivre, à quel point chaque kilomètre est un combat contre soi-même.

Alors que je traversais l'une des périodes les plus douloureuses de ma vie, je décidais pour une fois de ne pas combattre la souffrance mais de l'accueillir comme on accepte une sentence. À la porte de ce combat est apparu Jérémie, un homme qui a littéralement transformé ma vision de la vie. Notre rencontre ressemblait à ces instants rares où l'univers décide de faire converger deux trajec-

toires brisées. Lui, détruit par une douleur que je pressentais sans l'avoir vécue, moi, porteur d'une carapace forgée dans la solitude, à l'aube du cataclysme de ma vie.
Jérémie, plus que tout autre, a été un être révélateur. Il m'a porté autant que je l'ai soutenu. Sa douceur déconcertante, sa bienveillance m'ont appris ce que j'avais toujours fui : la vulnérabilité. Grâce à lui j'ai compris que la vie n'est pas une conquête mais une acceptation.
Accepter ses émotions sans failles, ses cicatrices.
Accepter que la force ne réside pas dans l'imperméabilité mais dans la capacité de s'ouvrir, de ressentir, de se laisser transformer.
Accepter aussi le temps qui avance et ne plus le consommer en imaginant que chaque jour serait le dernier.
Ma notion de la vie venait de changer, en pleine conscience.

Mon père à ses derniers moments, mon combat intérieur, ma rencontre avec Jérémie – tout cela n'était pas des fragments épars mais les chapitres d'une même histoire. Une histoire de réconciliation et d'amour. Les expéditions se font aussi dans les territoires intimes de l'âme.

Au moment où vous lisez ce livre, je suis déjà dans les projets 2027… J'ai décidé de repousser les limites encore plus loin et de bâtir le projet le plus important de toute ma vie. Pourquoi ? Car c'est le projet d'un nouvel homme, transformé par l'amour de l'autre et désormais avide de

partager ses passions et ses moments de grâce…
Aujourd'hui, je suis devenu celui qui écoute, qui aime, qui comprend que la vie se construit dans la rencontre, dans l'échange, dans la reconnaissance de notre commune humanité.
J'espère au fond de moi que dans le récit décousu de mes aventures, l'amour de la vie et le respect que j'ai pour chaque seconde qui la compose sauront pousser le plus grand nombre à se mettre en chemin pour vivre pleinement leur existence. C'est, il me semble, à ce prix que l'homme connaît réellement sa valeur et sa force, qu'il est aussi puissant que rassurant, aussi indestructible que sensible. Une dualité qui fait l'homme et tous ses indicibles mystères.
Depuis le début des premières lignes de ce livre, d'autres personnes merveilleuses ont quitté cette terre et ont creusé la plaie ouverte laissée par mon père. Le tempo implacable de l'éphémère continue de régner en maître.

Il y a eu des années sombres. Des silences lourds, des colères tues, des absences douloureuses. Le deuil a balayé nos repères, sans ménagement, sans pause. La vie, elle, ne s'est pas arrêtée. Elle a continué son cours brutal, semé d'épreuves, de luttes sourdes. Nous étions chacun sur notre rive, incapables de lancer une corde, prisonniers d'un passé que nous n'avions pas choisi. Et pourtant, lentement, quelque chose a changé.

Comme la mer après la tempête retrouve son miroir, nos cœurs, un jour, ont cessé de se heurter. Il n'y a pas eu de miracle, pas de grande tirade théâtrale. Seulement des pas, discrets mais sincères. Chacun a fait sa part. Chacun a porté ce qu'il pouvait, avec ses forces et ses failles. Et sans qu'on sache dire quand ni comment, le poids s'est allégé. La parole est revenue. La confiance aussi.
Aujourd'hui, nous sommes là. Ensemble. Dans le calme, dans la tendresse, dans l'amour.

Je regarde ma mère et je sens mon cœur apaisé. Je regarde mes frères et je ne vois que les liens qui nous unissent. Je regarde mes filles et je pense à l'avenir. Je regarde Maud et je sais que nous passerons d'autres grandes épreuves d'amour mais que nous sommes unis pour la vie.
Rien n'a été facile. C'était même très dur. Mais tout cela est derrière nous. Il n'y a ni rancœur ni colère. Il y a la beauté d'un équilibre retrouvé, comme une main posée doucement sur l'épaule.

C'est cela, peut-être, la grâce : non pas l'oubli du passé mais la force et la lumière qui le traverse sans l'effacer.
Une paix, non pas parfaite mais vraie.
Et c'est assez.

Arctic Mission n'était pas qu'une expédition. C'était une renaissance, comme peut l'être toute réalisation dans la

vie. Et c'est notre devoir à tous de croire en nous, en notre force de changer notre propre vision du monde et de faire de notre vie le plus beau projet dont nous avons rêvé.
La vie est une symphonie dont nous devons chacun trouver la mélodie.

Et j'ai enfin appris à jouer ma partition.